JESUS E AS SETE IGREJAS DA ÁSIA

ESMIRNA

PAIVA NETTO E SUA SÉRIE O APOCALIPSE DE JESUS PARA OS SIMPLES DE CORAÇÃO — LIVRO REUNIDO E ORGANIZADO PELA ACADEMIA JESUS, O CRISTO ECUMÊNICO, O DIVINO ESTADISTA

JESUS E AS SETE IGREJAS DA ÁSIA

ESMIRNA

PAIVA NETTO E SUA SÉRIE O APOCALIPSE DE JESUS PARA OS SIMPLES DE CORAÇÃO — LIVRO REUNIDO E ORGANIZADO PELA ACADEMIA JESUS, O CRISTO ECUMÊNICO, O DIVINO ESTADISTA

"Eu, João, irmão vosso e companheiro na tribulação, no reino e na perseverança, em Jesus, encontrei-me na ilha chamada Patmos, por causa da Palavra de Deus e do Testemunho de Jesus Cristo. Achei-me em Espírito, no Dia do Senhor, e ouvi por detrás de mim uma grande voz, como de trombeta, que me dizia: O que vês escreve em livro e manda às Sete Igrejas que estão na Ásia: Éfeso, Esmirna, Pérgamo, Tiatira, Sardes, Filadélfia e Laodiceia." (Apocalipse, 1:9 a 11)

ELEVAÇÃO

Produção editorial e revisão: *Equipe Elevação*
Impressão: *Mundial Gráfica*
Capa: *João Periotto*
Imagem da capa: *Pintura digital de Pedro Eugênio*
Projeto gráfico e diagramação: *Helen Winkler*

A 1ª edição desta obra foi publicada em março de 2024.

Depósito legal na Biblioteca Nacional conforme
Decreto nº 1.825, de 20 de dezembro de 1907.

Dados Internacionais de Catalogação na Publicação (CIP)
(Câmara Brasileira do Livro, SP, Brasil)

P149j
Jesus e as Sete Igrejas da Ásia — Esmirna / Academia Jesus, o Cristo Ecumênico, o Divino Estadista (org.) — 1ª ed. — São Paulo : Editora Elevação, 2024, v.2. (Coleção Jesus e as Sete Igrejas da Ásia) 400 p. : 15,5 x 23

ISBN 978-65-85860-04-8

Série "O Apocalipse de Jesus para os Simples de Coração"

1. **Quarta Revelação**. Jesus Cristo. 3. Espiritualidade. 4. Apocalipse de Jesus. 5. Evangelho de Jesus. 6. Paiva Netto, José de. I. Academia Jesus, o Cristo Ecumênico, o Divino Estadista. II. Título

CDD-228.07

Índices para catálogo sistemático:

1. Apocalipse : Comentários 228.07

Rua Doraci, 2-A, sala 103 – Bom Retiro
São Paulo/SP – CEP 01134-050
Tel.: (11) 3224-2963
www.elevacao.com.br

SUMÁRIO

TRATADO DO NOVO MANDAMENTO DE JESUS

A Espiritualmente Revolucionária Ordem Suprema do Divino Mestre representa o diferencial da Religião de Deus, do Cristo e do Espírito Santo[1] e é a base de todas as suas ações de promoção espiritual, social e humana, pela força do Amor Fraterno, por Ele trazido ao mundo.

Ensinou Jesus, o Cristo Ecumênico, o Divino Estadista: "*13:34 Novo Mandamento vos dou: amai-vos como Eu vos amei. 13:35 Somente assim podereis ser reconhecidos como meus discípulos, se tiverdes o mesmo Amor uns pelos outros.*

15:7 Se permanecerdes em mim e as minhas palavras em vós permanecerem, pedi o que quiserdes, e vos será concedido. 15:8 A glória de meu Pai está em que deis muito fruto; e assim sereis meus discípulos.

15:10 Se guardardes os meus mandamentos, permanecereis no meu Amor; assim como tenho guardado os mandamentos de meu Pai e permaneço no Seu Amor.

15:11 Tenho-vos dito estas coisas a fim de que a minha alegria esteja em vós e a vossa alegria seja completa.

15:12 O meu Mandamento é este: que vos ameis como Eu vos tenho amado. 15:13 Não há maior Amor do que doar a própria vida pelos seus amigos. 15:14 E vós sereis meus amigos se fizerdes o que Eu vos mando. 15:17 E Eu vos mando isto: amai-vos como Eu vos amei.

15:15 Já não mais vos chamo servos, porque o servo não sabe o que faz o seu senhor; mas tenho-vos chamado amigos, porque tudo quanto aprendi com meu Pai vos tenho dado a conhecer.

15:16 Não fostes vós que me escolhestes; pelo contrário, fui Eu que vos escolhi e vos designei para que vades e deis bons frutos, de modo que o vosso fruto permaneça, a fim de que tudo quanto pedirdes ao Pai em meu nome Ele vos conceda.

15:17 E isto Eu vos mando: que vos ameis como Eu vos tenho amado. 15:9 Porquanto, da mesma forma como o Pai me ama, Eu também vos amo. Permanecei no meu Amor".

(Tratado do Novo Mandamento de Jesus[2], reunido por Paiva Netto, consoante o Santo Evangelho do Cristo de Deus, segundo João, 13:34 e 35; e 15:7, 8, 10 a 17 e 9.)

[1] **Religião de Deus, do Cristo e do Espírito Santo** — Nesta e em outras obras literárias da Quarta Revelação, o leitor vai se deparar com as denominações Legião da Boa Vontade (LBV) e Religião de Deus, do Cristo e do Espírito Santo, criadas pelo saudoso Alziro Zarur (1914-1979), que se irmanam na lide *"por um Brasil melhor e por uma humanidade mais feliz"*. São elas duas instituições irrestritamente ecumênicas, unidas para atender, de forma integral, às carências fundamentais do ser humano e do seu Espírito Eterno, transformando-o sem paternalismos, a fim de que ele possa assumir na sociedade o seu papel de protagonista na solução dos problemas existentes. Agem assim para que a criatura humana se realize por meio dos poderosos ensinamentos do Espírito (Religião de Deus, do Cristo e do Espírito Santo) e da dinâmica ação de reforma humana e social (Legião da Boa Vontade), decorrência natural de nossa integração nos Preceitos Divinos. Disse Jesus: *"Buscai primeiramente o Reino de Deus e Sua Justiça, e todas as coisas materiais* [portanto, humanas e sociais] *vos serão acrescentadas"* (Evangelho, segundo Mateus, 6:33). Da convergência dessas ações — a espiritual e a humano-social — nasce a Política de Deus, para o Espírito Eterno do ser humano. A Religião de Deus, do Cristo e do Espírito Santo também é conhecida como Religião do Terceiro Milênio, Religião do Amor Universal e Religião Divina.

[2] **Tratado do Novo Mandamento de Jesus** — Pela força espiritual contida nessas palavras do Cristo de Deus, Paiva Netto fez constar a leitura desse Tratado na abertura de todos os programas da Super Rede Boa Vontade de Comunicação (rádio, TV e internet) e nas publicações, assim como nas reuniões públicas da Religião do Terceiro Milênio, atendendo também a um pedido dos Irmãos Espirituais na Revolução Mundial dos Espíritos de Luz, na Quarta Revelação, representados pelo Irmão Dr. Bezerra de Menezes (Espírito).

O MISTÉRIO DE DEUS REVELADO

O Mistério de Deus por Jesus Cristo
revelado é o Amor![1]

Paiva Netto

---

[1] Esse pensamento de Paiva Netto é o último verso de sua música intitulada *O Novo Mandamento de Jesus*, movimento final do Oratório "O Mistério de Deus Revelado", cuja gravação foi feita, em 1999, pelo National Philharmonic Choir "Svetoslav Obretenov" e pela Sofia Symphony Orchestra, da Bulgária, sob a regência do maestro Ricardo Averbach. Disponível no aplicativo Boa Vontade Play e em plataformas de *streaming* como *Spotify*, *Apple Music* e *Deezer*, o Oratório superou a marca de 550 mil cópias vendidas do álbum físico, conquistando Disco de Platina Duplo. Em 5 de abril de 2000, teve a sua primeira audição mundial em inglês quando o Coral Ecumênico Boa Vontade se apresentou na sede da Organização das Nações Unidas (ONU) em Nova York, EUA.

PERMANENTE PRESENÇA DE JESUS

Tudo fica para trás. Jesus, o Cristo Ecumênico e Divino Estadista, permanece! Ele disse: *"Passará o Céu, passará a Terra, mas as minhas palavras não passarão"* (Evangelho, segundo Lucas, 21:33).

Paiva Netto

O PARECER DE GAMALIEL

"Se esta obra é de homens, não triunfará. Mas, se é de Deus, não a combatais, pois estareis combatendo o próprio Deus."

(Atos dos Apóstolos de Jesus, 5:38 e 39)

PERANTE O SINÉDRIO

"Respondendo Pedro e João aos sinedritas, disseram: Não podemos deixar de falar daquilo que vimos e ouvimos. Importa antes agradar a Deus que aos homens."

(Atos dos Apóstolos de Jesus, 4:19 e 20; e 5:29)

DEUS AVISA ANTES

"Certamente, o Senhor Deus não fará coisa alguma, sem primeiro revelar o Seu segredo aos Seus servos, os Profetas."

(Profeta Amós, 3:7)

"SÊ FIEL ATÉ À MORTE, E EU TE DAREI A COROA DA VIDA"

A ESCOLHA DA CAPA

Academia Jesus, o Cristo Ecumênico,
o Divino Estadista

A simbologia por trás da Arte

Neste segundo volume da série "Jesus e as Sete Igrejas da Ásia", a exemplo do primeiro tomo, seguindo as orientações do Presidente-Pregador da Religião de Deus, do Cristo e do Espírito Santo, José de Paiva Netto, buscamos representar, desde a capa, nossa jornada de estudo das Missivas Fraternas que o Divino Pastor remeteu a Seu Rebanho. Desta vez, o foco é Esmirna.

A montagem artística foi feita por João Periotto, a partir da pintura digital de Pedro Eugênio — ambos Cristãos do Novo Mandamento. A imagem é inspirada nos traços marcantes do saudoso pintor alagoano Sátyro Marques (1935-2019), cujas obras sobre o tema apocalíptico fazem parte do acervo da Galeria de

Arte do Templo da Boa Vontade, em Brasília/DF, Brasil, Sede Espiritual da Religião do Terceiro Milênio.

Desvendando a linguagem alegórica do texto bíblico

A capa deste volume, como um portal vívido e atemporal, apresenta uma rede de simbolismos que se entrelaçam a cada livro da série. Somos, por isso mesmo, levados a trazer elementos pictográficos comuns à temática da coleção, conforme podemos observar com a presença, ao redor do Cristo, das **Sete Estrelas**. Elas representam os **Anjos das Sete Igrejas**, Guias e Protetores dos fiéis seguidores do Divino Mestre em sua peregrinação rumo à Celestial Luz do Soberano Senhor. Vemos igualmente os **Sete Candeeiros de Ouro**, que significam as Sete Igrejas, cumprindo a missão de iluminar os caminhos e conduzir os seres humanos à Verdade Excelsa.

A presença do Cristo Triunfante

No centro da capa, majestoso como um Farol de Esperança em noite tempestuosa, ergue-se a figura do Cristo Triunfante. Em pé, com os braços abertos, em um amplexo universal, Ele irradia a Força e a Vitalidade da Fé que Diviniza. É o Cristo Fluídico, Ressurreto, transcendendo Tempo e Espaço, revelando Sua

Autoridade como Supremo Comandante do planeta Terra, Aquele que é ***"o Primeiro e o Último, que esteve morto e tornou a viver"*** (Apocalipse, 2:8). Daí a Ressurreição do Divino Crucificado, simbolizada no elemento do **Túmulo Vazio**, evidenciando a certeza da Vida Eterna para os cristãos de Esmirna e para toda a humanidade, mesmo em meio às tribulações e sofrimentos, um bálsamo para as Almas dilaceradas pela dor. É de Paiva Netto esta assertiva:

> — ***Jesus, o Cristo Ecumênico, o Divino Estadista, o Príncipe da Paz, ressuscitou, e nós, com Ele, todas as vezes que integrados estamos no Seu pensamento de Amor, Justiça, Solidariedade e Generosidade.*** *Do infortúnio, do qual tantos retiram derrota, Jesus, sob a inspiração de Deus, construiu a Sua Autoridade e estabeleceu o Seu Poder.*

Coroa da vida: a Promessa Eterna

Outra destacada insígnia é a coroa da vida, Extraordinária Promessa do Cordeiro de Deus aos pertinazes dessa Igreja. Ela é caracterizada por um halo radiante, que adorna a cabeça do Cristo, lembrando-nos da recompensa incomparável para os que são perseverantes até ao fim e além do fim, expressando o cuidado e a gratidão do Filho de Deus aos Seus denodados seguidores. No alto da capa, temos o encorajador versículo que expressa esse Magnânimo Beneplácito: ***"Sê fiel até à morte, e Eu te darei a coroa da vida"*** (Apocalipse, 2:10).

Verde vibrante: símbolo da Perseverança

E ainda temos as cores predominantes, que variam em cada volume, distinguindo as diferentes etapas de nosso necessário Conhecimento Espiritual. Em Esmirna, o verde vibrante evoca a Esperança e a Vitalidade da Fé, atributos indispensáveis para enfrentarmos os desafios da vida com bravura e determinação. Essa tonalidade se relaciona com o contexto de Esmirna, cidade próspera e verdejante, mas que também enfrentava perseguição, pobreza e falsidade. Verde é a cor da Natureza e simboliza a vida, o crescimento, a renovação de tudo.

Amarelo-dourado: o Sol como Fonte de Vida

E o amarelo-dourado, tal qual o Sol que aquece e ilumina a Terra, ilustra a Excelsa Estrela da Manhã, Jesus, que irradia Seus fulgurantes raios de Amor Universal aos recônditos sombrios deste orbe, dissipando toda treva que há nos corações, sem jamais permitir qualquer fragmento de sombra. A escolha desse tom evoca a Inapagável Luz, que guia e protege os adeptos da Boa Nova em suas provações. O dourado, símbolo de nobreza e do Poder Divino, transmite a mensagem de que a crença dos cristãos de Esmirna era inabalável, resistindo a todas as perseguições. A cor dourada também representa a Glória Celestial, que os aguarda após a superação das dificuldades.

O amarelo é igualmente associado ao calor, à alegria e à sabedoria, qualidades essenciais para esses que buscavam com ardor viver os ensinamentos do Professor Excelso. Serve como um lembrete quanto à importância de manter o coração limpo e buscar a Sabedoria Espiritual.

Inabalável alicerce

Ao contemplarmos a capa, somos impelidos a examinar nossos próprios corações e fortalecer nossa fidelidade a Jesus. A Mensagem do Divino Ressuscitado ecoa através dos milênios, convidando-nos a ser resolutos por toda a Eternidade, seguindo os Seus passos com a imprescindível Fé Realizante, inabalável alicerce para edificarmos nossa morada permanente.

Parabenizamos o escritor Paiva Netto por ter abastecido — com o Evangelho-Apocalipse de Nosso Salvador e Mestre — os Silos Espirituais das Santas Casas de Deus, as Instituições da Boa Vontade[1]. Providas

---

[1] **Instituições da Boa Vontade (IBVs)** — Formadas pela Legião da Boa Vontade (LBV); pela Religião de Deus, do Cristo e do Espírito Santo;

desse Alimento Perene, elas amparam os povos em suas aflições mais cruciantes, neste mundo saturado de guerras, fomes, epidemias, mazelas e ódios de todos os matizes. E com ele bradamos:

> ***— Jesus, o Provedor Celeste, é a certeza imortal de dias melhores, mais solidários!***

→ pela Fundação José de Paiva Netto; e pela Associação Educacional Boa Vontade.

MMVII

RELIGIO DEI

ACADEMIA IESVS CHRISTVS OECVMENICVS

IESVS LVX MVNDI

APRESENTAÇÃO DA ACADEMIA JESUS, O CRISTO ECUMÊNICO, O DIVINO ESTADISTA

É com grata felicidade que observamos a enorme repercussão de "Jesus e as Sete Igrejas da Ásia". Há apenas três meses do lançamento de seu primeiro volume (dezembro de 2023), com o estudo dirigido à Carta do Cristo à Igreja em Éfeso, as manifestações de inúmeros leitores sobre o conteúdo desse trabalho demonstram a Divina Influência que a Mensagem do Redentor Apocalipse exerce no coração dos seres humanos. Outro não foi o objetivo do jornalista, radialista e escritor José de Paiva Netto, Presidente-Pregador da Religião de Deus, do Cristo e do Espírito Santo, quando levou ao ar suas explicações sobre o Último Livro da Bíblia Sagrada. Referimo-nos à popular série radiofônica "O Apocalipse de Jesus para os Simples de Coração", transmitida pela primeira vez entre 27 de outubro de 1990 e fevereiro de 1992, com os seus mais de 450 programas. Ela ainda deu origem a uma coleção ecumênica de livros com o mesmo nome, sendo *best-seller* com milhões de exemplares vendidos.

Lembramos a você, prezado leitor, digníssima leitora, que esta atual coletânea reúne explicações de décadas feitas por Paiva Netto sobre as **Cartas do Divino Professor às Sete Igrejas da Ásia**. Elas se encontram nos capítulos 2 e 3 do Livro da Revelação.

Este é um singular trabalho da Academia Jesus, o Cristo Ecumênico, o Divino Estadista — fundada pelo Líder da Religião do Amor Universal, em 1º de fevereiro de 2007. Essa Academia do Pensamento Espiritual-Ecumênico possui a imensa responsabilidade de

> — *iluminar o conteúdo ideológico (espiritual e humano) dos seres de Boa Vontade, da Terra e do Céu da Terra, em todas as áreas de atuação, para que seu modo de exprimir-se e de existir não seja espiritualmente vazio. Trata-se do cumprimento da notável tarefa da Doutrina do Cristo de esclarecer e libertar as criaturas, em Espírito e Verdade, à luz de Sua Ordem Suprema:* "Amai-vos como Eu vos amei. Somente assim podereis ser reconhecidos como meus discípulos" *(Evangelho, segundo João, 13:34 e 35)*,

no dizer de seu Fundador.

Composta pelo Instituto de Estudo, Pesquisa e Vivência do Novo Mandamento de Jesus e pelo Instituto de Estudo e Pesquisa da Ciência da Alma, ao criá-la, acerca de seu brilhante propósito, Paiva Netto ainda ressaltou:

> — *Por meio da produção de conhecimento universal, isto é, divino e terreno, tem por objetivo dessectarizar a maneira como alguns veem o Cristo de Deus e o Cristianismo, ou seja, mostrar a influência e a aplicabilidade das lições ecumênicas e eternas do Acadêmico Celeste em todos os campos do saber espiritual-humano, apresentando-O de forma irrefragável à humanidade — o que não se limita às fronteiras físicas.*

Logo, esta Academia — que pertence ao Cristo — segue cumprindo a sua hercúlea missão ao compilar nesta obra literária o **Divino Conteúdo Jesus** contido em Seu Apocalipse Redentor, explicitado pela Religião do Terceiro Milênio, por intermédio de seu Proclamador, Alziro Zarur (1914-1979)[2], e por seu Presidente-Pregador, José de Paiva Netto.

---

2 **Alziro Zarur (1914-1979)** — Nasceu na cidade do Rio de Janeiro/RJ, Brasil, no Natal de Jesus de 1914. Radialista, jornalista, escritor, poeta, filósofo e grande pregador da Palavra de Deus, fundou a Legião da Boa Vontade (LBV), em 1º de janeiro (Dia da Paz e da Confraternização Universal) de 1950, e brilhantemente a presidiu até a sua passagem para o →

Reiteramos que a coleção "Jesus e as Sete Igrejas da Ásia" está reunida e organizada em sete volumes.

Neste segundo tomo, nosso foco será Esmirna.

A exemplo do primeiro volume, abrimos nosso estudo com uma introdução que abrange as Sete Missivas do Sábio dos Milênios às Suas Igrejas, de modo a termos uma sinopse do amplo significado místico-espiritual desse conjunto de localidades e dos pontos fundamentais de cada Carta.

Tenhamos em mente o que observa nosso prestimoso professor do Último Livro da Bíblia Sagrada, Paiva Netto:

Plano Espiritual, em 21 de outubro de 1979. Em 7 de setembro de 1959, Zarur realizou a Proclamação do Novo Mandamento de Jesus, em Campinas/SP, Brasil, no antigo Hipódromo do Bonfim — hoje Praça Legião da Boa Vontade —, que, na época, era o espaço público mais amplo que por lá existia, capaz de receber a multidão que fora ouvi-lo. Carismático e polêmico, de forma popular e inovadora pregava, com muito entusiasmo, o Evangelho e o Apocalipse de Jesus, mas não *"ao pé da letra que mata"* (Segunda Epístola de Paulo aos Coríntios, 3:6), e sim em Espírito e Verdade, à luz do Novo Mandamento do Cristo Ecumênico, o Divino Estadista (Evangelho, segundo João, 13:34 e 35). Criou e presidiu a pioneira Cruzada de Religiões Irmanadas, cuja primeira edição oficialmente ocorreu em 7 de janeiro de 1950, no salão do Conselho da Associação Brasileira de Imprensa (ABI), na capital fluminense, após sucessivas reuniões preparatórias realizadas nos meses de outubro, novembro e dezembro de 1949, na sala da diretoria daquela prestigiada Associação. Com esse feito, Zarur antecipou-se ao que mais tarde viria a ser chamado de relacionamento inter-religioso. Em 7 de outubro de 1973, proclamou a Religião de Deus, do Cristo e do Espírito Santo, em Maringá/PR, Brasil.

— ***O Apocalipse é o Divino Medicamento para uma humanidade que se encontra enferma.*** *É só observar o mundo: há um gigantesco progresso material levado a cabo pelo cérebro, ainda mais no campo tecnológico. Contudo, onde o avanço das coisas do coração? Daí o desequilíbrio da balança. E, quando há ausência de Amor, o ódio vem e estabelece o seu império. Daí ser* ***o Apocalipse a mais eficiente prece de alertamento a todas as criaturas****, justamente para que não sejam apanhadas de surpresa. Não há que se temer a sua mensagem confortadora, antes, pois, devemos utilizá-la como ferramenta de vigilância. Ademais, a simples leitura desse* "Evangelho Moderno", *como o definiu Zarur, acende o coração da gente e nos impulsiona a refletir, faz crescer a nossa inteligência na direção de Deus, o Grande Autor do Apocalipse e de Seu Filho, Jesus!*

Boa leitura a todos!

AS SETE IGREJAS DA ÁSIA

INTRODUÇÃO ÀS SETE IGREJAS DA ÁSIA

Academia Jesus, o Cristo Ecumênico, o Divino Estadista — *Para iniciarmos nosso estudo sobre cada Carta de Jesus às Igrejas que estão na Ásia, Paiva Netto nos convida a compreendermos, em Espírito e Verdade, à luz do Novo Mandamento do Cristo, o extenso significado dessas Sublimes Mensagens do Divino Pegureiro a toda a humanidade. Em suas prédicas para os Simples de Coração, ele nos recorda do que João, o Evangelista-Profeta, descreve acerca do contexto em que ele se encontrava quando recebeu, por intermédio de um Anjo, a Revelação de Jesus:*

> [9] *Eu, João, irmão vosso e companheiro na tribulação, no reino e na perseverança, em Jesus,* ***encontrei-me na ilha chamada Patmos, por causa da Palavra de Deus e do Testemunho de Jesus Cristo.***
>
> [10] ***Achei-me em Espírito, no Dia do Senhor,*** *e ouvi por detrás de mim* ***uma grande voz, como de trombeta,***

Carregamos as próprias Igrejas em nosso íntimo

***Academia Jesus, o Cristo Ecumênico, o Divino Estadista** — Em* Somos todos Profetas *(1991), Paiva Netto explicitou que*

As Sete Igrejas da Ásia igualmente simbolizam os diversos graus de entendimento e vivência espiritual em que se encontra cada ser humano, de acordo com sua afinidade de sentimento. Na verdade, elas existem, em diferentes gradações, dentro de nós mesmos. Nelas, Jesus aponta qualidades e defeitos, advertindo, pedindo fidelidade e exortando à prática das Boas Obras originárias da Fé Realizante[4].

---

[4] **Fé Realizante** — É aquela que, seguindo o exemplo de Jesus, realiza Boas Obras e se opõe à fé ociosa, egoística. Ela é o Terceiro dos Quatro Estágios Progressivos e Divinizantes da Fé, conforme define a Religião de Deus, do Cristo e do Espírito Santo: 1) Fé Raciocinada (Allan Kardec); 2) Fé Raciocinante (Alziro Zarur); 3) Fé Realizante (Paiva Netto); e 4) Fé que Diviniza, ou Divinizante (Paiva Netto). Conheça mais sobre esses vanguardeiros conceitos lendo o primeiro volume das *Sagradas Diretrizes Espirituais da Religião de Deus, do Cristo e do Espírito Santo* (1987) e o capítulo "Os Estágios Progressivos e Divinizantes da Fé", no segundo volume da referida coleção, de autoria do escritor Paiva Netto.

As áreas do saber espiritual-humano

Por conseguinte, cada comunidade da Ásia indica as várias etapas da evolução espiritual da humanidade. Isso não quer dizer que esse avanço esteja restrito à Religião. Pelo contrário, a Doutrina do Cristo inspira também o desenvolvimento nos terrenos da Economia, da Política, da Filosofia, da Ciência, da Arte, do Esporte, da Educação, da Saúde, do Trabalho e assim por diante, mas tudo partindo da imprescindível Espiritualidade Ecumênica, que é **a Ética Divina iluminando a ética humana**. Ademais, o recado de nosso Mestre demonstra que o Mundo Espiritual permeia o material, prepondera sobre ele e governa seu destino.

Ásia — o útero das Religiões

Portanto, a Mensagem de Jesus às Sete Igrejas da Ásia, **o útero das Religiões do mundo** e campo de origem e experiência de muitas ideologias, fala a todos os planos do conhecimento espiritual e humano. Daí ser tão abrangente a pregação da Religião Divina, a ponto de expressar que o Rebanho Ecumênico do Cristo de Deus[5] não é formado apenas por seres encarnados e desencarnados, mas igualmente por aquilo

[5] **Rebanho Ecumênico do Cristo de Deus** — Leia mais sobre o assunto "Novo e Abrangente Conceito do Rebanho Ecumênico de Jesus", no segundo volume das *Sagradas Diretrizes Espirituais da Religião de Deus, do Cristo e do Espírito Santo* (1990).

que produzem de bom e que são eles em sua essência, na Religião, na Ciência, na Política, na Filosofia, na Arte, no Esporte, na vida doméstica, na pública etc. Todos esses ramos do saber são ovelhas que o Boníssimo Pegureiro apascenta para Seu redil universalista. Com efeito, isso inclui seus pensamentos, a parte boa, o aproveitável, aquilo que está em consonância com a Verdade de Deus, que promove a Liberdade Espiritual e Humana, como ensina Jesus: *"Conhecereis a Verdade* [de Deus], *e a Verdade* [de Deus] *vos libertará"* (Evangelho, segundo João, 8:32).

Essa parte apreciável sempre ouvirá a palavra amiga do Cristo, porque se afina com a Sabedoria Celeste, que redime a criatura.

VISÃO GERAL DAS SETE IGREJAS DA ÁSIA

***Academia Jesus, o Cristo Ecumênico, o Divino Estadista** — A compreensão dos ensinamentos contidos nas Sete Igrejas da Ásia é essencial para aplicarmos o discernimento do Apocalipse aos nossos dias. Elas demonstram como Jesus nos avalia e nos orienta diante dos desafios e das oportunidades do nosso tempo, se quisermos ouvir-Lhe as admoestações.*

Paiva Netto sintetiza para todos nós a Sabedoria Augusta eternizada nessas Cartas de Esperança:

O galardão, as promessas, as quedas, as remissões

Fica evidente que o Sublime Pedagogo deste planeta nos conhece por dentro e por fora: **sonda rins e corações** (Apocalipse, 2:23); que Ele pesa os nossos atos e intentos: **conhece as nossas obras** (Apocalipse,

2:2). O Divino Amigo nos acolhe com o Amor Eterno e Incondicional: **nos amou e nos libertou dos nossos pecados com o Seu sangue** (Apocalipse, 1:5); nos corrige com uma disciplina sábia e fraterna, ainda que enérgica: **repreende e castiga a todos quantos ama** (Apocalipse, 3:19); e nos convida ao arrependimento e à comunhão com Ele: **está à porta e bate** (Apocalipse, 3:20).

As Missivas endereçadas às Igrejas da Ásia exaltam a Resplandecente Face e a Excelsa Majestade do Supremo Comandante da Terra, que nos capacita com a Sua Graça e com o Seu Poder: **nos constituiu reino e sacerdotes para o Seu Deus e Pai** (Apocalipse, 1:6); nos abre as portas que ninguém pode cerrar: **é Aquele que tem a chave de Davi, que abre, e ninguém fecha, e que fecha, e ninguém abre** (Apocalipse, 3:7); nos protege dos momentos de prova que atingirão a humanidade: **Eu te guardarei da hora da tormenta que há de vir sobre o mundo inteiro** (Apocalipse, 3:10).

As Cartas às Igrejas da Ásia manifestam igualmente que o Provedor Justo nos recompensa com a Sua Glória e a Sua Eterna Herança: **nos dará a coroa da vida** (Apocalipse, 2:10) e **nos fará colunas do Templo de Seu Pai** (Apocalipse, 3:12); nos oferta um alimento perene: **o maná escondido** (Apocalipse, 2:17) e a **Árvore da Vida Eterna, que produz doze frutos, um para cada mês** (Apocalipse, 2:7; e 22:2); nos afasta do sofrimento mais atroz: **de nenhum modo, sofreremos**

o dano da segunda morte (Apocalipse, 2:11); permite que exerçamos o poder justo: **nos dá autoridade sobre as nações** (Apocalipse, 2:26).

Prestar fidedigno testemunho dos ensinamentos do Cristo encaminhados às Suas Igrejas nos habilita — se perseverantes formos aos compromissos assumidos nos Céus — a **trajar as vestes brancas e ter o nome inscrito no Livro da Vida Eterna** (Apocalipse, 3:5), **ter escrito sobre si o nome de Deus e o nome da Cidade Divina** (Apocalipse, 3:12) e **se assentar com Ele no Seu trono de glória** (Apocalipse, 3:21).

Meu Deus! Quantas benesses!

Jesus escolheu estas localidades específicas [as Igrejas] para retratar coletivos universais, destinando-lhes, em qualquer tempo, a Sua Palavra de Amor Fraternal. (...) Cada uma dessas Igrejas possui um significado que é dinâmico e representa, no passar dos séculos, estágios de progresso do comportamento espiritual-humano que transcendem as comunidades cristãs, porque o Libertador Divino se dirige a todos os povos e nações.

BREVIÁRIO

***Academia Jesus, o Cristo Ecumênico, o Divino Estadista** — Neste breviário sobre as Sete Igrejas da Ásia, Paiva Netto nos oferece uma síntese com as principais características destacadas pelo próprio Cristo a respeito de cada uma delas:*

Éfeso: a Igreja do retorno à Primeira Caridade
(Apocalipse, 2:1 a 7)

Após se apresentar como Aquele que conserva na mão direita as sete estrelas e que anda no meio dos sete candeeiros de ouro, Jesus reconhece as qualidades dos Seus adeptos em Éfeso. Em especial, a perseverança nas provações e a capacidade de perceberem que havia no círculo social deles alguns que se diziam apóstolos, mas não eram. A principal advertência do Cristo é para o fato de terem abandonado a Primeira Caridade. Ele, então, os exorta a se arrependerem e voltarem à prática das primeiras obras. Caso contrário, removeria o candeeiro deles, isto é, perderiam a Luminosidade Espiritual. Ao vencedor — ou seja, a todo aquele que alcança a vitória em Cristo Jesus —, a promessa de comer dos frutos da Árvore da Vida Eterna, que se encontra no paraíso de Deus.

Esmirna: a Igreja do sacrifício
(Apocalipse, 2:8 a 11)

Nesta Igreja, o Excelso Benfeitor não dará destaque a nenhuma repreensão, pois preparará Seus seguidores para momentos de extremo sacrifício que viriam pela frente. Ele se revela como o Primeiro e o Último, que esteve morto e tornou a viver, e exalta a riqueza espiritual que aquelas Irmãs e aqueles Irmãos conquistaram. Traz Seu incentivo e conforto diante da tribulação de dez dias, que os colocaria à prova, por má ação daqueles que se intitulam apóstolos, mas não são, aos quais Ele chama de templo de satanás. Mas promete a coroa da vida aos que, até à morte, se mantivessem fiéis. Com isso, o vencedor jamais passará pelo dano da segunda morte, a espiritual.

Pérgamo: a Igreja do combate à corrupção espiritual
(Apocalipse, 2:12 a 17)

Aqui, a Mensagem de Jesus é sobre o combate à corrupção espiritual. O Sublime Estratego é anunciado como Aquele que tem a espada afiada de dois gumes. Ele reconhece que a Igreja vive onde está o trono de satanás, ou seja, em meio à idolatria, à devassidão e à maldade humana. O Divino Pedagogo a lisonjeia por não negar o Seu Nome nem a Sua Fé, mesmo quando Ântipas, uma das Suas fiéis testemunhas, foi martirizado. Entretanto, Jesus repreende-a por tolerar alguns que seguiam as doutrinas de Balaão e dos nicolaítas, que induziam o povo a comer coisas sacrificadas aos ídolos e a praticar a luxúria. O Chefe Supremo ordena a todos que se arrependam desses costumes. Senão, Ele viria em breve e pelejaria contra eles com a espada da Sua boca. Ao vencedor o Mestre assegura o maná escondido e uma pedrinha branca, com um nome novo escrito sobre ela, que ninguém conhece, exceto aquele que o recebe.

Tiatira: a Igreja impenitente
(Apocalipse, 2:18 a 29)

Para Tiatira, Jesus se mostra com Sua Força e Autoridade Divina: o Filho de Deus, que tem os olhos como chama de fogo e os pés semelhantes a bronze polido. Em Sua Carta, Ele a saúda por suas ações de Caridade e Perseverança, sendo as recentes obras mais numerosas que as anteriores. Porém, a reprova por tolerar a má influência de uma falsa profetisa, chamada Jezabel, que seduzia os servos de Deus a praticarem a idolatria e a prostituição de toda espécie. O Irrepreensível Juiz declara que a julgaria e sentenciaria, bem como aos seus seguidores, com grande tribulação. Isso porque lhes deu tempo para que fizessem penitência de suas torpezas, todavia mantiveram postura malsã. Jesus exorta os demais membros dessa Igreja, os que não seguem essa enganadora doutrina, a continuarem firmes na Fé e na Verdade, e garante que não irá impor sobre eles outra carga. Ao vencedor concederá autoridade e poder sobre as nações e a Estrela da Manhã (a Estrela Dalva) — o próprio Cristo de Deus.

Sardes: a Igreja que estava morta
(Apocalipse, 3:1 a 6)

Esta é uma das mais severas advertências de Jesus, demonstrando a necessidade de se manter viva a Fé Realizante, evitando a superficialidade espiritual. O Fiel Administrador aparece como Aquele que possui os Sete Espíritos de Deus e as sete estrelas. Ele denuncia que Sardes se disfarça sob uma grande mentira: diz que tem nome de que vive, mas está morta. Ou seja, é aparentemente piedosa, no entanto as obras que pratica espelham uma realidade diferente, tanto que o Cristo afirma que elas não são íntegras diante de Deus. Por isso, lhe ordena que se lembre da Palavra Divina, que recebeu e ouviu, e se corrija. Caso contrário, se não houver vigilância, Ele virá como um ladrão, isto é, se levantará contra aquele povo sem prévio aviso. Contudo, o Bondoso Amigo reconhece haver alguns nessa cidade que não contaminaram as suas vestiduras e exalta aqueles que persistiram na fidelidade. Ao vencedor, Jesus promete cingi-lo de vestes brancas e não apagar seu nome do Livro da Vida Eterna, confessando o nome dele diante do Pai Celestial e de Seus Anjos.

Filadélfia: a Igreja do Amor Fraternal
(Apocalipse, 3:7 a 13)

Trata-se da mais encorajadora das Sete Cartas do Cristo. Esse é o estado espiritual a que todos devemos nos integrar plenamente. Jesus é o Santo, o Verdadeiro, Aquele que tem a chave de Davi, que abre, e ninguém fecha, e que fecha, e ninguém abre. É o Poder Soberano de descerrar os bons caminhos. Ele a elogia por ter guardado a Sua Palavra e não ter negado o Seu Nome, mesmo tendo pouca força. O Governante Celeste coloca diante dela uma porta aberta, que ninguém pode fechar, ou seja, uma oportunidade sem igual de avançar e pregar o Santo Evangelho, expandindo o Reino de Deus entre os povos. O Cristo Ecumênico, o Sublime Estadista, diz que fará com que aqueles que são templo de satanás, que se dizem apóstolos, mas não são, venham, se prostrem aos pés daquela Igreja e reconheçam que Jesus a ama. Ele encoraja a todos a perseverarem, guardarem o que têm, para que ninguém lhes tome a coroa, protegendo-os durante a tormenta que há de vir sobre o mundo inteiro. Ao vencedor fará coluna permanente do Templo de Deus e escreverá sobre ele o nome do Seu Deus, o nome da cidade do Seu Deus e o Seu Novo Nome.

Laodiceia: a Igreja do Fim dos Tempos
(Apocalipse, 3:14 a 22)

Também costumo chamá-la de a Igreja do Juízo Final, ou ainda a Igreja da porta fechada. Por isso, a Mensagem do Cristo a ela é muito austera. Ele se apresenta como o Amém, a Testemunha Fiel e Verdadeira, o Princípio da Criação de Deus. Afirma que aquela comunidade é morna, nem fria nem quente, e que Ele está prestes a vomitá-la da Sua boca. Ela se julga rica, abastada e que não precisa de coisa alguma, dentro da mais completa soberba. Todavia, na verdade, Ele a tem como miserável, pobre, cega e nua. O Senhor da Sabedoria aconselha a todos a comprar Dele ouro refinado pelo fogo, a trajar vestes brancas e a ungir os olhos com o colírio que Ele oferece, ou seja, a buscar viver a Fé genuína, a Justiça Perfeita, bem como os verdadeiros valores espirituais, portanto eternos. Jesus diz que repreende e castiga a quem ama, convidando a comunidade a se arrepender. O Hóspede Celeste está à porta e bate, então humildemente pede que a abramos para

Ele entrar e cear conosco. Ao vencedor, a Promessa do Cristo de se assentar com Ele no Seu trono de glória, da mesma forma que Ele venceu e se sentou com o Pai Celestial no Seu trono de glória.

CARTA DE JESUS À IGREJA EM ESMIRNA

CARTA DE JESUS À IGREJA EM ESMIRNA

(Apocalipse, 2:8 a 11)

8 *Ao Anjo da Igreja em Esmirna escreve:*
Estas coisas diz o Primeiro e o Último, que esteve morto
e tornou a viver:
9 *Conheço a tua tribulação, a tua pobreza, mas tu és*
rico; e que és caluniado por aqueles que se dizem apósto-
los, e não são, sendo antes templo de satanás.
10 *Não temas as coisas que tens de sofrer. Eis que o diabo*
está para lançar em prisão alguns dentre vós, para serdes
postos à prova, e tereis tribulação de dez dias. Sê fiel até à
morte, e Eu te darei a coroa da vida.
11 *Quem tem ouvidos de ouvir ouça o que o Espírito*
diz às Igrejas do Senhor. O vencedor, de nenhum modo,
sofrerá o dano da segunda morte.

OS PERSEVERANTES DE ESMIRNA

Academia Jesus, o Cristo Ecumênico, o Divino Estadista — *Abrimos o segundo volume desta jornada de estudo das fascinantes Missivas da lavra do próprio Mestre Divino e remetidas às Suas Igrejas evocando, em um breve passeio histórico, os tempos iniciais da série radiofônica "O Apocalipse de Jesus para os Simples de Coração", que começou em 27 de outubro de 1990, indo até fevereiro de 1992.*

Paiva Netto, seu autor, rememora:

Cartilha de Benquerença

Minhas Amigas e meus Irmãos, minhas Irmãs e meus Amigos, que glória para os nossos Espíritos é esse esforço — aprendizes que somos do Sábio dos Milênios, Jesus — de nos concentrarmos na pesquisa, no cuidadoso exame e no desenvolvimento para a aplicação cotidiana dessa **Cartilha de Benquerença**, que é o Livro da Revelação.

Ao fechar meus olhos, ainda consigo reviver o forte sentimento que ressoava em minha voz toda vez que — naquele ambiente inaugural das pregações que fiz com o povo, na cantina do número 700 da Avenida Rudge, em São Paulo/SP — abria as alocuções, enunciando: **Apocalipse de Jesus para os Simples de**... E a plateia respondia em uníssono:

— ***Coração!***

Justamente são eles — **os Simples de Coração**[6] — **os mais capazes de primeiro ouvir o que Deus tem para lhes anunciar**. São os que prestamente escutam **as vozes da emoção e da sinceridade**. São eles que, com sensibilidade, pelos milênios, lotam os templos e as praças do mundo. Daí o nosso **dever espiritual de tratá-los com o máximo respeito**, pois nos entregam a confiança de suas Almas.

Por isso, sempre gosto de recordar-lhes que lemos e interpretamos a Bíblia Sagrada em Espírito e Verdade, à luz do Novo Mandamento do Cristo — *"Amai-vos*

---

[6] **Nota de Paiva Netto**

Simples de Coração — Quando me dirijo aos Simples de Coração, não aponto essa ou aquela classe social, nível cultural, inclinação política, preferência religiosa, origem étnica. Falo à inteligência do sentimento, riqueza inestimável do Espírito, à simplicidade de alma.

como Eu vos amei. Somente assim podereis ser reconhecidos como meus discípulos" (Evangelho, segundo João, 13:34 e 35). E é dessa forma, portanto, que começaremos o estudo da Carta de Nosso Senhor Jesus à Sua Igreja em Esmirna. Imprimi a ela a denominação de **a Igreja do sacrifício** e que foi destinatária de um dos versículos bíblicos que mais me inspiram:

> — ***Sê fiel até à morte, e Eu te darei a coroa da vida.***
>
> Jesus (Apocalipse, 2:10)

O Pão Espiritual e a Sabedoria das Estrelas

E não foi sem razão que demos início às aulas do Apocalipse Redentor de Jesus aos Simples de Coração naquele ambiente informal da cantina do Instituto de Educação da LBV, em São Paulo/SP. Isso porque falávamos a aprendizes sedentos do **Saber Divino**, que reina sobre a imensidão do Cosmos e todos os corpos celestes que nele habitam. **Tal diretriz sublime prepondera sobre a educação curricular tão necessária.**

Não duvidem disto: toda a nossa existência é dirigida por um Poder Superior. Daí eu sempre ressaltar: **o governo da Terra começa no Céu**. E ali, naquele espaço em que buscamos o alimento material e o conhecimento para a mente, fomos brindados pelo Provedor Celeste com o que é perene:

> — *Eu sou o Pão Vivo que desceu do Céu. Se alguém dele comer, viverá eternamente.*
>
> Jesus (João, 6:51)

Jesus é uma Escola Viva de Libertação para os habitantes da Terra e do Céu da Terra. Com o pensamento firmado Nele, a Sabedoria das Estrelas fartamente descerá sobre todos nós. Ele é **a certeza que não frustra**. Por isso mesmo, **o Evangelho-Apocalipse de Nosso Senhor Jesus Cristo é uma eternidade de conhecimento.** Ele é o Jardineiro Fidelíssimo. E nós somos — quando nos permitimos ser iluminados pela Verdade que Ele trouxe, a fim de nos redimir — frutos, flores de Seu jardim magnífico. **O Cristo é o Divino Encantamento de nossa Alma.** E assim Ele se dirigiu ao Alto em júbilo:

> — *Graças Te dou, ó Pai, Senhor do Céu e da Terra, porque ocultaste estas coisas* [a Sabedoria das Estrelas] *aos sábios e instruídos do mundo e as revelaste aos pequeninos* [os Simples de Coração]. *Sim, ó Pai, porque assim foi do Teu agrado.*
>
> Jesus (Mateus, 11:25 e 26)

Ele próprio — **Jesus — é o Alimento para o Espírito e a Excelsa Sapiência para a Alma**, que se descerra aos que Nele verdadeiramente se integram.

A CIDADE MARÍTIMA DE ESMIRNA

***Academia Jesus, o Cristo Ecumênico, o Divino Estadista** — A seguir, o autor de* As Profecias sem Mistério *(1998), outro volume da coletânea "O Apocalipse de Jesus para os Simples de Coração", inicia o estudo da Carta de Jesus remetida à Igreja de Esmirna.*

Paiva Netto traz alguns contornos históricos dessa cidade costeira:

Ao nos debruçarmos sobre os versículos de 8 a 11, que compõem o capítulo segundo do Redentor Apocalipse de Jesus, aproveitaremos para analisar alguns fatos relevantes acerca da região. Será possível observar que o Divino Mestre, a fim de transmitir Sua Mensagem Espiritual nesta missiva, faz alusão a aspectos geográficos, históricos e culturais muito caros aos moradores de Esmirna, que fica ao norte de Éfeso, a uma distância aproximada de 70 quilômetros, na Ásia Menor.

Essa cidade marítima — atual Izmir, na Turquia — tem sua costa banhada pelo mar Egeu. Era reconhecida por sua beleza e exuberância, no tempo em que João Evangelista-Profeta transcreve a Carta de Jesus a esse povo, estando exilado na ilha de Patmos[7]. E os esmirnenses eram muito orgulhosos de sua terra, nutrindo verdadeira admiração por sua História. No entanto, de acordo com pesquisadores, ela passou por um longo intervalo de quase inexistência. Após ser fundada como uma colônia grega, mais de mil anos antes da Primeira Vinda Visível de Jesus, alcançou seu desenvolvimento nas mãos dos jônicos — uma das quatro etnias da Grécia Antiga, berço do pensamento filosófico clássico. A histórica região da Jônia, da qual Éfeso e Esmirna também fazem parte, tem por seu filho proeminente Tales de Mileto (aprox. 624-546

João Evangelista

Tales de Mileto

[7] **Patmos** — Pequena ilha grega, situada ao leste do mar Egeu, a 55 quilômetros da costa sudoeste da Turquia. Nela, por ordem do imperador Domiciano (51-96), João, Evangelista e Profeta, foi exilado e, já se encontrando nonagenário, recebeu o Apocalipse. Narra a história que, durante o exílio, com seu poder de persuasão, convertia todos os guardas da ilha ao Cristianismo, o que levava o imperador a realizar constantemente a troca dos soldados. Com a morte de Domiciano, o Discípulo Amado segue para Éfeso, testemunhando o Cristo até o fim de sua vida.

a.C.). É dele a criação do tão importante conceito de Causa Primeira[8].

Por volta de 600 a.C., a região foi conquistada pelo reino da Lídia, sendo praticamente reduzida a pequenos vilarejos espalhados e sem ligação entre si. A contar do ano de 290 a.C., sua reconstrução integrou o chamado helenismo, período de florescimento cultural que se seguiu à morte de Alexandre Magno (356-323 a.C.).

Alexandre Magno

Os relatos que nos chegam é que era um local com vias muito bem pavimentadas, uma delas conhecida como "Rua do Ouro", contendo grandiosas construções. Além disso, dispunha de várias praças, biblioteca pública e templos, em torno da área central, que sediava a Ágora romana.

Esmirna competia com Éfeso e Pérgamo pela condição de pólis de maior influência do continente. Havia moedas que circulavam com os dizeres: *"A primeira da Ásia em beleza e tamanho"*. E, a partir de achados arqueológicos, estima-se que ela possa ter abrigado de cem a duzentas mil pessoas no século 1. Os seus habitantes reivindicam ser a terra natal de um ilustre cidadão: o poeta épico Homero, autor de

[8] **Causa Primeira** — É um conceito basilar na Filosofia e na Teologia que aborda a questão da origem ou do fundamento último de todas as coisas, a causa primeira ou o princípio supremo responsável por tudo o que existe.

Homero

"Ilíada" e "Odisseia", duas das maiores obras greco-latinas.

Falando aos corações

Um dos aspectos notáveis dessas Missivas de Luz — que o Sublime Pegureiro, Aquele cuja voz ouviríamos e reconheceríamos[9], envia às comunidades cristãs espalhadas pela Ásia — **é a sua acentuada eloquência, uma eficaz aula de Retórica Celestial.** Para propagar Seus Fraternos Ensinamentos, é imprescindível falar aos corações. Já passei bastas vezes essa diretriz às valorosas Equipes Solidárias Legionárias que integram a Comunicação 100% Jesus[10] e aos pregadores ecumênicos da Religião do Terceiro Milênio. **Precisamos atender ao apelo da plateia**, não adianta se dirigir ao próprio umbigo, pois temos de **conversar com o povo, sem burocracia. Uma mídia burocratizada é um horror.**

Quando alguém está apresentando ou participando de um programa na Boa Vontade TV, na Super Rede

[9] **Aquele cuja voz ouviríamos e reconheceríamos** — Evangelho do Cristo, consoante João, 10:4 e 5: *"(...)* ***as ovelhas O seguem, porque conhecem a Sua voz.*** *Mas de modo algum seguirão o estranho; antes, fugirão dele, porque não reconhecem a voz dos estranhos".*

[10] **Comunicação 100% Jesus** — Formada pela Boa Vontade TV, pela Super Rede Boa Vontade de Rádio, pelo portal BoaVontade.com, pelo aplicativo Boa Vontade Play e pelas revistas BOA VONTADE e JESUS ESTÁ CHEGANDO! Para outras informações, acesse www.BoaVontade.com.

Boa Vontade de Rádio[11], na internet, pregando em um púlpito do Altar Sagrado da Religião Divina ou mesmo redigindo um texto, deve se lembrar de que é a anfitriã ou o anfitrião dos ouvintes, telespectadores, internautas, leitores e frequentadores de nossas Igrejas Ecumênicas e do Templo da Boa Vontade. Então, **tem de recepcionar bem a pessoa**, é necessário **tratá-la com dignidade e respeito**, como se acolhe uma **visita ilustre** em sua própria casa.

Nada mais operacional do que chegarmos ao coração das criaturas. O restante é burocracia, boa ou não.

Um dos aspectos notáveis dessas Missivas de Luz — que o Sublime Pegureiro, Aquele cuja voz ouviríamos e reconheceríamos, envia às comunidades cristãs espalhadas pela Ásia — é a sua acentuada eloquência, uma eficaz aula de Retórica Celestial. Para propagar Seus Fraternos Ensinamentos, é imprescindível falar aos corações.

[11] **Super Rede Boa Vontade de Rádio** — Veja a lista de emissoras ao final do livro e baixe pela loja de aplicativos de seu celular o Boa Vontade Play.

ELOQUÊNCIA DO ESPÍRITO

***Academia Jesus, o Cristo Ecumênico, o Divino Estadista** — Em 30 de julho de 2007, ao entrar no ar pela Super Rede Boa Vontade de Rádio, durante o popular programa* Cortando Estradas[12], *Paiva Netto declarou aos seus atentos ouvintes:*

Não é por pregarmos o Evangelho-Apocalipse de Jesus que tenhamos de ser tolos. Sabemos que há influentes dialetas defendendo, dentro do seu direito, por exemplo, o materialismo. Ora, e os propagadores da visão espiritual da Ciência além da ciência, da Religião além da religião, da Política além da política, da Economia além da economia, da Filosofia além da filosofia, da Educação além da educação, da An-

[12] **Programa *Cortando Estradas*** — Diariamente, pela Super Rede Boa Vontade de Rádio, das 21h à 0h. Veja a lista de emissoras na última página ou acompanhe a programação pelo *site* www.boavontade.com/radio.

tropologia além da antropologia, da Sociologia além da sociologia, da Arte além da arte, do Esporte além do esporte não podem igualmente se expressar com eloquência?! Porque é isto que se faz urgente: saber se manifestar, se posicionar claramente e jamais se deixar levar por estados de morbidez, de desídia! Contudo, ensinei a muitos sobre tomar certos cuidados ao redigirem páginas para divulgar as nossas ideias. Eu os chamava em particular e os instruía: você pode afirmar essa mesma coisa, porém de outra forma. Em geral, a mudança tão somente de uma palavra, ou a melhor colocação de uma frase, já desanuvia uma porção de desentendimentos inoportunos, que podem suscitar guerras seculares. **Tenhamos em mente que não escrevemos, palestramos ou pregamos para ferir quem quer que seja.** Pelo contrário, é para **convencer, esclarecer e iluminar com o Amor Solidário Divino** quem nos prestigia com a sua audiência, com a sua atenção. Lembro sempre que **é preciso encontrar e jamais perder a estrada que eleva os corações. Por isso, aos seres humanos se fala humanamente.** Bem que, por vezes, com a energia apropriada. **Nunca com rancor sectário ou qualquer tipo de ódio.** Mesmo que a pessoa não concorde com o que leu, que ela **admire a disposição fraternal**, pois **é muito mais difícil resistir ao Amor do que ao ódio**. E não há necessidade de demonstrar conhecimento ou erudição. Incluído o fato de que esse sagrado conteúdo não é fruto do nosso intelecto; **provém da Consciência de Deus**. Também não é o caso de ficarmos nos exibindo por aí, porque isso não passa de uma disputa entre egos. **As vitórias têm de ser de todos**, oriundas do trabalho de uma Equipe Solidária Legionária.

Nenhuma grande organização pode sobreviver se não houver essa mentalidade, com **espaço frutífero para a saudável discussão dos pontos de vista. Não se pode excluir as visões divergentes**, como muitos frequentemente fazem por toda parte, por pura inabilidade de saber conciliar. Se olharmos bem, as perspectivas costumam ser complementares. Pode ser um diálogo mais acalorado, porém de maneira alguma se deve distanciar daquele sentimento de **Ideal Sublime que faz de nós uma família que honra o Cristo Jesus**. E assim estaremos entre aqueles que receberão a coroa da vida por terem sido fiéis aos Propósitos Divinos até à morte.

* * *

Entretanto, não sejamos algemados à mediocridade de pensamento já denunciada por Robert Herbold, que durante oito anos foi o principal executivo de operações da Microsoft. Transcrevi suas palavras em meu livro *Jesus e a Cidadania do Espírito* (2001):

— O problema que acomete muitas equipes criativas é que elas seguem várias coisas e mantêm muitas ideias vivas. (...) Um punhado de reuniões faria com que as ideias únicas fossem diminuídas a ideias medianas. Pois o que grupos de pessoas fazem é pegar ideias únicas e tentar adaptá-las para torná-las totalmente aceitáveis para todo o grupo. (...) O que cria a mediocridade. As equipes existem para melhorar os processos. (...)

Sair da periferia dos assuntos

Rogo ao Alto para que os pregadores ecumênicos da Religião de Deus, do Cristo e do Espírito Santo sejam banhados pela Celeste Luminosidade que emana da literatura da Boa Vontade. E não fiquem na periferia dos assuntos, mas os abordem com **profundidade espiritual**. Qualifiquem-se para isso com Aquele que nos exortou em Sua Boa Nova[13], segundo Marcos, 13:11:

Marcos

— Quando, pois, vos levarem e entregarem perante os tribunais, não vos preocupeis com o que haveis de dizer, mas aquilo que vos for concedido naquela

[13] **Boa Nova de Jesus** — Assim também é conhecido o Evangelho, que vem do grego *Euangélion* e do latim *Evangelium* e significa Boa Nova, Boa Notícia.

hora, isso falai; porque não sois os que falais, mas o Espírito Santo falará por vós.

Não tenham medo de expressar os seus pensamentos, com inteligência e educação. Afinal, não estamos aqui para ofender ninguém ao divulgar os nossos conceitos de Fraternidade Ecumênica.

Recordo-me do que me disse certa vez, na presença de alguns conhecidos, um grande amigo meu, sacerdote de notável influência no Brasil. Ambos tínhamos coluna em um prestigiado jornal de Salvador/BA:

— *Professor Paiva Netto, leio os seus artigos sem sustos, porque o senhor escreve sem ferir.*

Para demonstrar o nosso ponto de vista, não é preciso golpear as pessoas. Aprendemos com o Apóstolo Paulo que **a Palavra de Deus é a espada do Espírito**[14]. **Todavia, convém que o que for dito seja realmente a projeção espiritual do Criador nas obras de Suas criaturas.**

Sou apenas um homem esforçado e que acredita fortemente em Nosso Senhor Jesus Cristo. Esta é a nossa tarefa: cumprir o **Novo Mandamento** Dele — ***"Amai-***

[14] Epístola de Paulo aos Efésios, 6:17. Leia mais sobre o assunto no capítulo "Roteiro Espiritual para a Vitória", em *Jesus, a Dor e a origem de Sua Autoridade — O Poder do Cristo em nós* (2014), título de Paiva Netto.

-vos como Eu vos amei" —, **denominador comum** para todas as crenças e descrenças.

Saibamos, então, comunicar fraternalmente.

É hora de gerenciar os aparentes paradoxos: ousadia e prudência. Um servidor do Cristo, sem deixar de ser sensato, deve ser destemido. O pior dano para uma Alma comprometida com Jesus é não O testemunhar com bons pensamentos, palavras e atos.

O próprio Sábio dos Milênios nos deixou o Seu exemplo de congraçamento nesta passagem evangélica, que fala por si mesma:

> — *Disse-lhe João: Mestre, vimos um homem que, em Teu nome, expulsava demônios, o qual não nos segue; e nós o proibimos, porque não seguia conosco. Mas Jesus lhe respondeu:* ***Não o proibais; porque ninguém há que faça milagre em meu nome e, logo a seguir, possa falar mal de mim. Pois quem não é contra nós é por nós.*** *Porquanto,* ***aquele que vos der de beber um copo d'água fria, em meu nome****, porque sois do Cristo, em verdade, em verdade Eu vos digo que* ***de modo algum perderá o seu galardão*** (Evangelho de Jesus, consoante Marcos, 9:38 a 41).

Nada mais, nada menos!

O FOGO DA PALAVRA DIVINAMENTE INSPIRADA

Academia Jesus, o Cristo Ecumênico, o Divino Estadista — *Em 1º de dezembro de 1999, sem perder tempo, seguindo sua dinâmica de repórter, o jornalista Paiva Netto pegou o telefone e, de dentro do carro (pois não se encontrava ao volante), ligou para falar no programa* Rebeldes de Jesus, *que estava sendo transmitido ao vivo pelo rádio. Dessa maneira, exaltava o espírito que deve revestir a Super Rede Boa Vontade de Comunicação (rádio, TV, internet e publicações) e as Igrejas Ecumênicas da Religião do Terceiro Milênio, bem como todos os seus componentes e Cristãos do Novo Mandamento, Amigos de Jesus:* ***ousadia no Bem****.*

O Presidente-Pregador da Religião Divina, então, ao falar aos jovens de Boa Vontade de todas as idades que o acompanhavam naquela aula da Comunicação 100% Jesus, declarou:

Falar sobre os Assuntos Espirituais com eloquência é se expressar com o ardor desse fogo da palavra divinamente inspirada, a paixão da vida correndo pelas veias, tendo atenção aos fatos cotidianos. É dirigir-se ao público da porta pra fora, além das quatro paredes, chegando à Alma das gentes. Para despertarmos os povos à renovação espiritual, que nasce em Jesus, o Senhor da Paz, temos que fugir do 3x4. Já notaram como geralmente achamos sem graça essas fotos?!

A Religião do Terceiro Milênio surgiu para reformular tudo com a Magia Espiritual do Mandamento Novo do **Jesus reforma para o melhor**, conforme **escrevi em setembro de 1961**, em um documento à Mocidade Brasileira e que foi publicado na centenária *Gazeta de Notícias*, do Rio de Janeiro/RJ, em 15 de outubro desse mesmo ano (domingo). Na ocasião, já assessorava o saudoso Irmão Alziro Zarur e me tornei o responsável pelo Departamento Infantojuvenil da LBV. Aliás, a página foi apresentada antes por Zarur, em 10 de outubro, na antiga Emissora da Boa Vontade, a Rádio Mundial. Na altura dos meus 20 anos, convidei a juventude brasileira a cerrar fileiras no heroico Ideal da Boa Vontade, *"por um Brasil melhor e por uma humanidade mais feliz"*[15]. E também disse aos

[15] ***"Por um Brasil melhor e por uma humanidade mais feliz"*** — Lema radiofônico criado por Alziro Zarur, com o qual é aberta e encerrada a "Campanha da Boa Vontade" desde 4 de março de 1949.

Moços de Boa Vontade que **o Brasil não veio para dominar os povos, para impor-se cruelmente pela força, mas sim para iluminar o mundo com Jesus**! Portanto, **moças e moços** da Juventude Ecumênica da Religião de Deus, do Cristo e do Espírito Santo e da Política Divina, **o Cristo Ecumênico, o Divino Estadista, os espera com as ferramentas do progresso**. Leiamos então o texto que, por sugestão de meus editores, foi assim intitulado:

Receita de um jovem para os jovens

Jovem esclarecido do Brasil: Tu que lutas pelo bem-estar do povo brasileiro, por que te enganas? Só o Novo Mandamento de Jesus trará o equilíbrio social à nossa Pátria!

Moços de Boa Vontade: O Brasil já foi colônia; depois, vice-reino; a seguir, Reino Unido ao de Portugal e Algarves; veio o Império; a República; uma escadinha ascensional construída por aqueles que viam nestas mudanças a solução dos problemas que esmagam o povo. A maioria morreu desiludida. Por quê? Ora! Nenhum se lembrou de que só o Amor de Jesus realiza as modificações para o progresso.

Estudante do Brasil: Desperta para o Mestre!

Não te convidamos para seguires um Jesus estático, incompreensível, ausente! Não! **O Jesus do Novo Mandamento** — *"Amai-vos como Eu vos amei. Somen-*

te assim podereis ser reconhecidos como meus discípulos" (Evangelho, segundo João, 13:34 e 35) — é o **Jesus reforma para o melhor, Jesus antimiséria, Jesus cumprimento das Leis de proteção aos humildes.**

Ele te espera com as ferramentas do progresso na LBV!

Jovem de Boa Vontade que procuras o equilíbrio social, raciocina comigo: no cenário mundial, cada povo, cada continente tem sua função no mundo, como o sabem os Iniciados Espirituais:

A Ásia: a função metafísica;
A Europa: a função racional;
A Rússia: a função revolucionária;
Os Estados Unidos: a função econômica;
O nosso Brasil: a função cósmico-pacificadora.

E como transmitir essa Paz? Não será através da paz armada, e sim com **o cumprimento do Mandamento Novo de Jesus, revelado pela LBV**.

* * *

Esse é o espírito de rebeldia do Bem, porque quem criou o programa *Rebeldes de Jesus* e colocou esse nome fui eu. Considero-me o rebelde número 1. Mas atenção: não disse rancoroso nem revoltado, que é uma pessoa que não se resolveu ainda e precisa encontrar seu bom caminho. **Nós, os jovens da Religião de Deus, do Cristo e do Espírito Santo, de todas as**

idades, somos adeptos de uma rebeldia diferente, a de Jesus, inconformados com toda a ignorância que avassala o mundo. Os Rebeldes de Jesus sabem o que querem e **agem pelo Cristo com decisão, sem ceder às ondas do momento.** Estão inovando e trazendo algo singular ao mundo, sem copiar ninguém, e preservando as raízes da Quarta Revelação. Porque **o caminho da LBV é a vanguarda. Não é a rotina, a mesmice ou a acomodação.** Devemos nos indignar e nos levantar pacificamente contra aquilo que está errado, buscando promover o que é justo, alicerçado em Deus — Justiça e Amor.

A voz do Divino Pastor

Retomando um ponto bíblico iniciático que mencionei anteriormente[16], atenção para o que o Senhor do Abençoado Redil revela em Seu Santo Evangelho, segundo João, 10:1 a 4:

> *1 Em verdade, em verdade vos digo que aquele que não entra pela porta no abrigo das ovelhas, mas sobe por outra parte, é ladrão e salteador.*
> *2 Aquele, porém, que entra pela porta, esse é o pastor das ovelhas.*

---

16 No subtítulo "Falando aos corações", dentro do capítulo "A cidade marítima de Esmirna".

> 3 *Para este o porteiro abre a porta, as ovelhas ouvem a sua voz, ele as chama pelo nome e as conduz para fora.*
> 4 *Depois de fazer sair todas as que lhe pertencem, vai adiante delas, e elas o seguem, porque lhe reconhecem a voz.*

E mais adiante, nos versículos de 14 a 16:

> 14 ***Eu sou o Bom Pastor, conheço as minhas ovelhas, e por elas sou conhecido.***
> 15 *Assim como o Pai me conhece, e Eu conheço o Pai; e dou a minha própria vida pelas minhas ovelhas.*
> 16 *Ainda tenho outras ovelhas que não são deste aprisco* [rebanho]*; a mim me convém conduzi-las* ***e elas ouvirão a minha voz; então, haverá um só Rebanho para um só Pastor****.*

Quando **Jesus** diz que as ovelhas ouvirão Sua voz e a reconhecerão, é porque Ele **envia a todas elas uma mensagem personalíssima, que lhes toca o recôndito da Alma**, levando-as a abrir os olhos do coração para enxergar **o inconfundível esplendor do Mestre de suas vidas diante delas**. O que o Excelso Pegureiro está fazendo com as Sete Igrejas da Ásia? **Escrevendo uma Carta para cada uma. Quer algo mais pessoal do que isso?**

Ele não lança palavras vãs, casuais, genéricas, para satisfazer Seu próprio ego. O Cristo endereça, em **forma** e **conteúdo** únicos, o que cada Espírito precisa receber, pois Ele nos conhece e reconhece igualmente. Olhem aí a responsabilidade colossal que pesa sobre a Comunicação 100% Jesus! Sempre lhes cobro, além da forma primorosa na transmissão de nossas ideias, o **CONTEÚDO** inconsútil, sem emendas — tal qual a Túnica do Celeste Mensageiro, conforme ensinava Zarur, em sua notável Proclamação da Pedra Filosofal, realizada a 7 de abril de 1973, no bairro do Jaçanã, em São Paulo/SP:

> ***— A Doutrina do Novo Mandamento de Jesus, que é toda a alma da Religião de Deus, é inconsútil como a túnica do Cristo. É a Doutrina do próprio Jesus, o Cristianismo do Cristo (...).***

É tão rigorosa a escolha de cada afirmação de Jesus em Seu Apocalipse, que o Profeta Divino, não sem motivo, selou as suas sagradas páginas com a seguinte determinação espiritual, válida pelos séculos dos séculos:

> [18] *Eu, porém, aviso a todo aquele que ouve as palavras da profecia deste Livro: Se alguém lhes fizer qualquer acréscimo, será castigado por Deus com as pragas que neste Apocalipse estão escritas;*

19 e, se alguém tirar qualquer coisa das palavras do Livro desta profecia, Deus também há de tirar a sua parte da Árvore da Vida Eterna, da Cidade Santa e das coisas que se acham escritas nele.

(Livro da Revelação, 22:18 e 19)

Eis a lição para os Comunicólogos de Deus: integrem-se em Jesus, despidos de vaidades, para servir de instrumento na difusão da **Palavra Divina que o Mestre Amado tem para entregar, sob exata medida, a cada criatura**, que Ele compreende melhor do que ninguém. **Em suma, é preciso falar aos corações.**

Quando Jesus diz que as ovelhas ouvirão Sua voz e a reconhecerão, é porque Ele envia a todas elas uma mensagem personalíssima, que lhes toca o recôndito da Alma, levando-as a abrir os olhos do coração para enxergar o inconfundível esplendor do Mestre de suas vidas diante delas.

O ANJO DA IGREJA EM ESMIRNA

Academia Jesus, o Cristo Ecumênico, o Divino Estadista *— Na sequência, versículo a versículo, o Presidente-Pregador da Religião de Deus, do Cristo e do Espírito Santo nos envolverá nesta aura mística da Carta do Sábio dos Milênios aos Seus seguidores em Esmirna:*

> *8 Ao Anjo da Igreja em Esmirna escreve:*
> *Estas coisas diz o Primeiro e o Último, que esteve morto e tornou a viver.*
>
> (Apocalipse, 2:8)

Conforme destacamos anteriormente, o primeiro versículo das Cartas de Jesus às Igrejas da Ásia é uma apresentação do Mestre Amado, revelando-se por meio de Seus Divinos Atributos. O Rei dos reis, Senhor dos senhores, dirige-se ao Anjo da Igreja, que é, reitero, também a representação daquele que tem a honra de chefiar a comunidade cristã da localidade. O saudoso Irmão Zarur nos explica:

> *"Ao Anjo da Igreja de Esmirna"...*
>
> *Quem era esse Anjo? O de Éfeso era Timóteo. Qual era o de Esmirna? Claro que naquela época, porque a Primeira Volta Cíclica é a dos contemporâneos do Evangelista-Profeta, também poeta, pois escreve com rara beleza poética.* ***Mas o Anjo era Policarpo, escolhido pelos Apóstolos.*** *Vocês podem ver isso em Santo Irineu, que o conheceu de perto, é o Livro III, capítulo 3, e também segundo Tertuliano, no Livro das Prescrições, capítulo 32.*
>
> ***Quem preparou espiritualmente Policarpo foi o próprio João Evangelista. Era um homem de alma apostólica, sua vida foi um martírio defendendo o Cristianismo primitivo.*** *Sofreu toda a perseguição de Marco Aurélio, mas encheu de glórias o Cristianismo primitivo.*

Policarpo de Esmirna

Convido vocês a conhecerem mais sobre esse personagem tão extraordinário do Cristianismo nascente, destacado por Zarur, que muito tem a contribuir com o nosso próprio apostolado e com a compreensão da alma

Irineu de Lyon

daquela comunidade cristã. Leiamos o que Irineu de Lyon (aprox. 130-202) deixou registrado sobre o líder espiritual da Igreja em Esmirna, de quem foi discípulo:

Policarpo

— *Podemos ainda lembrar Policarpo, que não somente foi discípulo dos apóstolos e viveu familiarmente com muitos dos que tinham visto o Senhor, mas que, pelos próprios apóstolos, foi estabelecido bispo* [dirigente] *na Ásia, na Igreja de Esmirna. Nós o vimos na nossa infância, porque teve vida longa e era muito velho quando morreu com glorioso e esplêndido martírio.*

Em carta a Florino, ainda descreve:

— *Eu te poderia dizer qual o lugar onde o abençoado Policarpo costumava sentar-se para falar-nos, e como entrava nos argumentos; que tipo de vida tinha, qual o aspecto de sua pessoa, os discursos que fazia ao povo, como nos discorria sobre os colóquios íntimos que tinha com João e com os outros que haviam visto o Senhor, seus milagres e sua doutrina. Tudo isto Policarpo aprendeu com testemunhas oculares do Verbo da Vida e o anunciava em plena harmonia com as Sagradas Escrituras.*

Inácio de Antioquia

Policarpo cresceu em Esmirna, assim retratada por Inácio de Antioquia (aprox. 30-107), em sua Carta a essa Igreja:

> *À Igreja de Deus Pai e de Seu Filho Amado Jesus Cristo, que* ***obteve por misericórdia todos os dons, repleta de fé e amor, à qual não falta nenhum dom, caríssima a Deus****, portadora dos objetos sagrados, que está em Esmirna, na Ásia, as melhores saudações, no espírito irrepreensível e na palavra de Deus.*
>
> ***Agradeço a Jesus Cristo, que vos tornou tão sábios.*** *De fato, constatei que* ***sois perfeitos na fé imutável, como que pregados na carne e no Espírito à cruz de Jesus Cristo e confirmados no amor do Seu sangue. Estais plenamente convencidos de que nosso Senhor é verdadeiramente da descendência de Davi segundo a carne, Filho de Deus segundo a vontade e o poder de Deus, nascido verdadeiramente da Virgem, batizado por João, para que toda a justiça fosse cumprida por Ele.***
>
> (Os destaques são de Paiva Netto.)

É nesse seio, tão enaltecido por Inácio de Antioquia, que Policarpo educou seu caráter e se notabilizou por sua humildade, abnegação, Fé ardorosa e desapego às coisas materiais, transmitindo com seu exemplo os elevados valores do espírito do Santo Evangelho aos seguidores do Caminho[17] em Esmirna. É assim que devemos agir, **despertando com Boas Obras todos aqueles que estão à nossa volta**. Não pode ser em vão o título de Anjo, que Jesus confere aos que se consagram ao cuidado do próximo. Certamente, Policarpo influenciou, com sua devoção pessoal e notável liderança, incontáveis Irmãs e Irmãos a procurarem seguir os passos do Mestre Amado.

Esse discípulo do Cristo escreveu diversas cartas, enviando-as para várias comunidades, a fim de fortalecer a perseverança nos corações daqueles povos que enfrentavam circunstâncias das mais adversas. Desses textos, restaram apenas os que dirigiu aos filipenses, de onde extraímos o capítulo segundo da Segunda Epístola[18] a eles, no qual demonstra forte decisão de Alma e versa sobre a força espiritual da Sublime Ressurreição de Jesus, que peremptoriamente derrotou a morte:

> *1 Por isso, cingi vossos rins e servi a Deus no temor e na verdade, abandonando as palavras vãs e o erro de muitos, crendo Naquele que ressuscitou nosso Senhor*

[17] **Seguidores do Caminho** — Como também eram conhecidos os primeiros cristãos.

[18] Não confundamos essa carta de Policarpo com a Epístola de Paulo endereçada aos cristãos de Filipos, escrita por volta de 62 d.C., quando estava preso em Roma, até porque o Apóstolo dos Gentios remeteu apenas uma missiva aos filipenses.

Jesus Cristo dos mortos e Lhe deu a glória e o trono à Sua direita. Tudo o que existe no Céu ou na Terra Lhe está submisso; tudo o que respira O celebra, a Ele que vem como juiz dos vivos e dos mortos, e de cujo sangue Deus pedirá contas àqueles que não confiam Nele.

2 *Aquele que O ressuscitou dos mortos também nos ressuscitará, se fizermos a Sua vontade, se caminharmos em Seus mandamentos, e se amarmos o que Ele amou, abstendo-nos de toda injustiça, ambição, amor ao dinheiro, maledicência, falso testemunho, não retribuindo o mal com o mal, injúria com injúria, golpe com golpe, maldição com maldição,*

3 *lembrando-nos do que o Senhor ensinou: "Não julgueis, para não serdes julgados; perdoai, e sereis perdoados; usai misericórdia, para receber misericórdia; a medida com que medirdes sereis medidos; felizes os pobres e aqueles que são perseguidos por causa da Verdade, porque deles é o Reino de Deus".*

O martírio de Policarpo

Afora as páginas da Bíblia Sagrada, o seu martírio é o primeiro de que se tem registro. Ocorrera nos dias da perseguição ordenada pelo imperador Marco Aurélio (121-180), na provável data de 23 de fevereiro de 155, quando Policarpo foi queimado vivo, confirmando uma visão que tivera três dias antes de ser preso. Trata-se de um texto de autoria desconhecida, sendo uma carta escrita por integrantes da Igreja de Esmirna, um ano depois do trágico ocorrido, e endereçada à Igreja de Filomélio.

Ao ser capturado, foi levado a um estádio enfurecido, vociferando por sua morte, e colocado na presença do procônsul Estácio Quadrato, que tentou convencê-lo a negar sua Fé em Cristo Jesus:

> *— Pensa na tua idade. Jura pela fortuna de César! Muda teu modo de pensar e dize: "Abaixo os descrentes!" (...) Jura, e eu te liberto. Amaldiçoa o Cristo!*

Ao que Policarpo respondeu dignamente:

> *— Eu O sirvo há oitenta e seis anos, e Ele não me fez nenhum mal. Como poderia blasfemar o meu Rei que me salvou?*

O diálogo prossegue, constante dos capítulos 10 e 11 do documento histórico, consignando à Eternidade esse exemplo de fidelíssimo Soldado de Jesus:

> *Ele* [o procônsul] *continuava a insistir, dizendo: "Jura pela fortuna de César!" Policarpo respondeu: "Se tu pensas que vou jurar pela fortuna de César, como dizes, e finges ignorar quem sou eu, escuta cla-*

ramente: eu sou cristão. Se queres aprender a doutrina do Cristianismo, concede-me um dia e escuta". O procônsul respondeu: "Convence o povo!"

Policarpo replicou: "A ti eu considero digno de escutar a explicação. Com efeito, aprendemos a tratar as autoridades e os poderes estabelecidos por Deus com o respeito devido, contanto que isso não nos prejudique. Quanto a esses outros, eu não os considero dignos, para me defender diante deles".

O procônsul disse: "Eu tenho feras, e te entregarei a elas, se não mudares de ideia". Ele disse: "Pode chamá-las. Para nós, é impossível mudar de ideia, a fim de passar do melhor para o pior; mas é bom mudar, para passar do mal à justiça".

O procônsul insistiu: "Já que desprezas as feras, eu te farei queimar no fogo, se não mudares de ideia". Policarpo respondeu-lhe: "Tu me ameaças com um fogo que queima por um momento, e pouco depois se apaga, porque ignoras o fogo do julgamento futuro e do suplício eterno, reservado aos ímpios. Mas por que tardar? Vai, e faze o que queres".

Percebendo que não iria convencer o prisioneiro a abandonar suas convicções, anuncia à multidão que Policarpo havia se declarado cristão. Não podendo lançá-lo às feras, a turba, unânime, pôs-se a gritar para que ele fosse queimado vivo, cumprindo a antevisão que o discípulo havia recebido. Estas foram suas palavras antes de ser levado à pira:

> *Senhor, Deus Todo-Poderoso, Pai de Teu Filho Amado e Bendito, Jesus Cristo, pelo qual recebemos o conhecimento do Teu nome, Deus dos Anjos, dos poderes, de toda criação e de toda a geração de justos que vivem na Tua presença!*
>
> *Eu Te bendigo por me teres julgado digno deste dia e desta hora, de tomar parte entre os mártires, e do cálice de Teu Cristo, para a Ressurreição da Vida Eterna da Alma e do corpo, na incorruptibilidade do Espírito Santo. Com eles, possa eu hoje ser admitido à Tua presença como sacrifício grande e agradável, como Tu preparaste e manifestaste de antemão, e como realizaste, ó Deus sem mentira e veraz.*
>
> *Por isso e por todas as outras coisas, eu Te louvo, Te bendigo, Te glorifico, pelo eterno e celestial sacerdote Jesus Cristo, Teu Filho Amado, pelo qual seja dada glória a Ti, com Ele e o Espírito, agora e pelos séculos futuros. Amém.*

E assim que terminou de proferir essa comovente súplica, foi consumado o martírio de Policarpo de Esmirna, que, com seu honroso testemunho, adentrou no Reino Celestial:

— Bem-aventurados sois vós, quando vos perseguem, quando vos injuriam e, mentindo, fazem todo o mal contra vós por minha causa. Exultai e alegrai-vos, porque é grande o vosso galardão no Céu.

Jesus (Mateus, 5:11 e 12)

Não pode ser em vão o título de Anjo, que Jesus confere aos que se consagram ao cuidado do próximo. Certamente, Policarpo influenciou, com sua devoção pessoal e notável liderança, incontáveis Irmãs e Irmãos a procurarem seguir os passos do Mestre Amado.

INTERCÂMBIO ESPIRITUAL

Tenho sempre reiterado em meus discursos de improviso que **ninguém faz nada sozinho**. E não me refiro apenas à cooperação entre Irmãs e Irmãos encarnados. Estou igualmente fazendo alusão ao **imprescindível Intercâmbio Espiritual** que deve ocorrer a todo momento entre seres visíveis e invisíveis de Planos Elevados, justamente porque, hoje, a realidade que vemos é a ligação com baixas camadas da Espiritualidade. E a ignorância a respeito desse conchavo empurra a criatura humana (e seu Espírito Imortal) ao isolamento extremo de Deus, bem distante de sua salvação eterna, porquanto se firma no que há de pior nos umbrais[19]. Logo, é imprescindível fortalecer aqui-

[19] **Nota de Paiva Netto**

Umbral — Em minha obra *A Missão dos Setenta e o "lobo invisível"* (2018), escrevi: Segundo nos relata o Espírito André Luiz, em *Ação e Reação*, *"situado entre a Terra e o Céu,* [o Umbral] *é dolorosa região de sombras, erguida e cultivada pela mente humana, em geral rebelde e ociosa, desvairada e enfermiça"*. É onde o Espírito, pelo sofrimento provocado por ele mesmo, revê os erros que praticou e se prepara para novas oportunidades de crescimento espiritual. A existência do Umbral é mais generosa

lo que denominamos de **União consciente das Duas Humanidades**[20]. Sim, pois não nos encontramos em um planeta restrito à dimensão material.

Por esse mesmo raciocínio, conforme expliquei no *Programa Boa Vontade* (PBV), em 29 de janeiro de 1991, quando Jesus se dirige aos Anjos das Igrejas, Ele também está se referindo ao **Guia Espiritual que toma conta do lugar e que tem os seus similares na Terra**, ou seja, as pessoas dedicadas, idealistas e de Fé poderosa. Por isso, é preciso unir a humanidade de baixo (somos nós aqui na matéria) à Humanidade de Cima, a serviço de Deus (nossos Bondosos Amigos do Mundo Invisível). E não podemos inverter a ordem de prioridade, pois este é o sentido da aproximação: do menor rumo ao maior. É o que o Irmão Zarur tão belamente exaltou em versos do "Poema do Deus Divino":

> — *Deus sempre desce até Seu filho, o homem,/ Quando o homem sobe até seu Pai, que é Deus!*

---

do que a ideia do inferno eterno, porque aquele propicia nova oportunidade ao infrator; este, não. O nobre Irmão Dr. Bezerra de Menezes faz sempre questão de salientar: ***"Umbral também é Caridade"***.

[20] **União consciente das Duas Humanidades** — Para saber mais sobre esse importante assunto, leia "A abrangente missão do Templo da Boa Vontade", no segundo volume das *Sagradas Diretrizes Espirituais da Religião de Deus, do Cristo e do Espírito Santo* (1990) ou no *blog* Paiva Netto.com.

Isso não é nenhum devaneio, não! **O Anjo Espiritual age para cuidar da Igreja e guiar o destino daqueles que estão reencarnados**, a fim de que sobrevivam às provações que pediram antes de vir ao mundo. **O Anjo encarnado deve manter-se todo o tempo em sintonia com esses Administradores do Alto**, para saber conduzir as providências materiais de acordo com os desígnios do Etéreo. Caso contrário, fará um desserviço aos Planos de Deus. Daí a **Educação Mediúnica** tão necessária ao estabelecimento da **convergência consciente Céu-Terra, Terra-Céu.**

Quem se integrar, verdadeiramente, no Dia do Senhor[21] **terá pelo próprio Deus aberta a porta para todas as dimensões até este momento inconcebíveis à Ciência humana.** Há muito o que se descobrir pelas ferramentas de sua esforçada lide, porquanto ela ainda engatinha em seu desenvolvimento. Logo aprenderá que **o fundamento do Universo não é a matéria, mas o Espírito.** O **Universo visível**, que a todos deslumbra, é como se fora **apenas um esboço da verdadeira Obra de Deus**, já disse tantas vezes.

---

[21] **O Dia do Senhor** — *Vide Somos todos Profetas* (1991), capítulo "A questão do Dia do Senhor", livro de Paiva Netto, que faz parte da coleção "O Apocalipse de Jesus para os Simples de Coração".

O PRIMEIRO E O ÚLTIMO

A natureza celestial do Cristo e de Sua Inigualável Missão é flagrantemente explicitada por Ele ainda no versículo oitavo do capítulo segundo do Apocalipse, quando se dirige à Igreja de Esmirna. Perceberemos a força de Sua Essência Divina, bem como a **Sua Identidade com o Pai Celestial, o Soberano da Criação e da História**. Afinal, Jesus é o **Senhor absoluto de todas as coisas (na Terra e no Céu da Terra), inclusive da "morte"**. Na sequência, exploraremos o significado e a importância destas palavras de Jesus:

> [8] *Ao Anjo da Igreja em Esmirna escreve:*
> ***Estas coisas diz o Primeiro e o Último****, que esteve morto e tornou a viver.*
>
> (Apocalipse, 2:8)

Em outras passagens bíblicas, o contexto dessa característica — **o Primeiro e o Último — é inicialmente revelado como atributo do Pai-Mãe Celes-**

Profeta Isaías

tial. Leiamos o que está descrito no Livro do Profeta Isaías, o Quinto Evangelista[22], 44:5 a 7:

> [5] *Este dirá: Eu sou do Senhor; aquele reclamará para si o nome de Jacó; aquele outro ainda escreverá na própria mão: Eu sou do Senhor, e por sobrenome tomará o nome de Israel.*
> [6] *Assim diz o Senhor, Rei de Israel, seu Redentor, o Senhor dos Exércitos:* ***Eu sou o Primeiro e Eu sou o Último, e além de mim não há Deus****.*
> [7] ***Quem há, como Eu, feito predições desde que estabeleci o mais antigo povo?*** *Que o declare e o exponha perante mim! Que esse anuncie as coisas futuras, as coisas que hão de vir!*

Reconhecer o Profeta que procede do Altíssimo

Desde sempre, o Pai Celestial está nos alertando quanto ao surgimento de enganadores dentre os mais variados povos da Terra, que tentarão ludibriar Seus adeptos, se passando por Ele ou dizendo representá-Lo. Mas como não ser iludida ou iludido por tais trapaceiros? O

---

[22] **Nota de Paiva Netto**
Quinto Evangelista — Referência ao Profeta Isaías, tamanho o acerto com que profetizou a respeito da vinda e da existência sacrificial do Messias, Jesus, o Cristo de Deus.

quinto livro do Pentateuco Mosaico, o Deuteronômio, 18:21 e 22, oferece o seguinte esclarecimento:

> [21] *Se disseres no teu coração:* ***Como conhecerei a palavra que o Senhor não falou?***
> [22] *Sabe que,* ***quando esse profeta falar em nome do Senhor, e a palavra dele não se cumprir, nem suceder, como profetizou, esta é palavra que o Senhor não disse****; com soberba, a falou o tal profeta; não tenhas temor dele.*

O Profeta Jeremias, em seu livro (28:9), acrescenta:

> — *O profeta que profetizar Paz,* ***só será reconhecido como profeta mandado pelo Senhor ao cumprir-se, de fato, a sua palavra.***

Profeta Jeremias

E mais:

> — *Eis o que diz o Senhor dos Exércitos:* ***Não escuteis os profetas que vos transmitem vãos oráculos****, são visões do próprio espírito que vos divulgam,* ***e não as palavras do Senhor*** (Jeremias, 23:16)[23].

[23] **Nota dos editores** — O versículo do Profeta Jeremias (23:16) foi retirado da Bíblia Sagrada traduzida dos originais em grego, hebraico e aramaico mediante a versão dos Monges de Maredsous (Bélgica) pelo Centro Bíblico Católico. No Natal de 1988, o então Cardeal Arcebispo

Também João Evangelista nos deixou esta admoestação, em sua Primeira Epístola, 4:1:

> — *Amados, não deis crédito a qualquer Espírito; antes,* ***provai se os Espíritos procedem de Deus****, porque muitos falsos profetas têm se levantado no mundo.*

Isso é muito sério. Precisamos aprender a não cair em tais armadilhas, observando os Perfeitos Atributos que somente Deus poderá manifestar. Para transmitir os fatos que hão de se suceder (Isaías, 44:7), é necessário dominar o passado, o presente e o futuro, até porque, como costumo lembrar-lhes, para o Pai Supremo o Tempo não passa, ele é. E o Todo-Poderoso tem assegurado que está no princípio, por ser o Primeiro, e está no fim, pois é o Último.

Qual é a origem da Profecia?

Já lhes afirmei que **a Profecia é a História na Voz de Deus**[24]. Ele tem a Sabedoria Celestial da origem DO

→ Primaz do Brasil, Dom Lucas Moreira Neves (1925-2002), presenteou seu amigo Paiva Netto com sua Bíblia pessoal. Nela, há a seguinte dedicatória: *"Ao Dr. José de Paiva Netto, com votos de feliz e sereno Natal. † Lucas Moreira Neves, Natal de 1988".*

[24] **A Profecia é a História na Voz de Deus** — Leia sobre o assunto no capítulo de mesmo nome em *Somos todos Profetas* (1991), de Paiva Netto.

Tudo[25] e a Supina Autoridade para conduzir os destinos e os propósitos dos Universos que criou. **A Lei Divina é a Primeira e a Última Palavra.** O Altíssimo compartilha esse Conhecimento Espiritual com os que, de modo verdadeiro, Nele se integram. **O Profeta é um intermediário, todavia não origina a Profecia em si mesmo: a recebe de Deus**, o Único capaz de a revelar, por ser justamente o Primeiro e o Último, portanto sabedor de todas as coisas que se passaram, que estão ocorrendo e que haverão de se suceder. **Tudo neste mundo pode ficar fora do controle dos seres humanos, mas nada escapa ao comando de Deus**, porque Ele é o Criador Incriado, Aquele que simplesmente **é por Si próprio**, anterior a toda a criação, por intermédio do Qual tudo passou a existir, conforme atestou a Moisés:

Moisés

> — *Disse Deus a Moisés:* ***Eu sou o que sou*** (Êxodo, 3:14).

[25] **Teoria DO Tudo** — Preconizada por Paiva Netto, admite o Amor como fonte de convergência de todas as Teorias, físicas ou não. Leia mais sobre o assunto em "Jesus, a Teoria DE Tudo e a Teoria DO Tudo (I e II)", constante de sua obra literária *Jesus, a Dor e a origem de Sua Autoridade — O Poder do Cristo em nós* (2014).

Logo, jamais pode ser confundido com um farsante, isto é, com o deus antropomórfico[26], criado à imagem e semelhança dos seres humanos. No Apocalipse, 1:7 e 8, é o Deus Divino, cantado por Zarur em seus versos luminosos[27], Quem atesta por verdadeira a Profecia mais aguardada de todos os tempos, **a Volta Gloriosa de Jesus ao planeta**:

> *7 **Eis que Jesus vem com as nuvens,** e todos os olhos O contemplarão, até mesmo aqueles que O traspassaram. E todas as nações da Terra se lamentarão sobre Ele. Certamente. Amém!*
> *8 **Eu sou o Alfa e o Ômega, o A e o Z, o Princípio e o Fim, diz o Senhor, Aquele que é, que era e que há de vir, o Todo-Poderoso Deus.***

Sendo *"Aquele que é, que era e que há de vir"*, está em toda parte ao mesmo tempo, porquanto é o próprio Espaço-Tempo. Em minha obra *Jesus, o Profeta Divino* (2011), explanei:

---

26 **Deus antropomórfico** — *Vide* o subtítulo "Deus não é o falibilíssimo Júpiter" no livro *Tesouros da Alma* (2017), do escritor Paiva Netto.

27 **"Poema do Deus Divino", de Alziro Zarur** — *Vide* o subtítulo "A Lei da Reencarnação explica", no terceiro volume das *Sagradas Diretrizes Espirituais da Religião de Deus, do Cristo e do Espírito Santo* (1991), no qual Paiva Netto transcreve as principais estrofes desse magnífico poema — as mesmas que se acham grafadas, em letras de bronze, em uma parede de destaque do Salão Nobre do TBV, também conhecido como o Templo do Ecumenismo Divino, em Brasília/DF, Brasil.

a) ***Que é:*** está presente, é Onipresente, Onisciente, Onipotente e **Onidirigente**;

b) ***Que era:*** pois sempre existiu;

c) ***Há de vir:*** reinará para todo o sempre.

Tudo neste mundo pode ficar fora do controle dos seres humanos, mas nada escapa ao comando de Deus, porque Ele é o Criador Incriado, Aquele que simplesmente é por Si próprio, anterior a toda a criação, por intermédio do Qual tudo passou a existir, conforme atestou a Moisés: *"Disse Deus a Moisés: Eu sou o que sou"* (Êxodo, 3:14).

Maria e o Menino Jesus, na concepção de Adolphe Jourdan (1825-1889).

A PREDIÇÃO DA VINDA DO MESSIAS

Jesus é o Médium de Deus na Terra, que foi anunciado também pelo Senhor desde os tempos de Moisés, o libertador do povo hebreu:

> [18] ***Suscitar-lhes-ei um Profeta do meio de seus irmãos***, *semelhante a ti, em cuja boca porei as minhas palavras, e Ele lhes falará tudo o que Eu lhe ordenar.*
> [19] *De todo aquele que não ouvir as minhas palavras, que Ele falar em meu nome, disso lhe pedirei contas.*
> [20] *Porém o profeta que presumir de falar alguma palavra em meu nome, que Eu não lhe mandei falar, ou o que falar em nome de outros deuses, esse profeta será morto.*

(Deuteronômio, 18:18 a 20)

Podemos inferir que **a Primeira Vinda Visível de Jesus ao planeta Terra é a Chancela Divina assegurando a legítima procedência dos Profetas de Deus e a veracidade do que anteviram**. Caso o que fora anunciado acerca do Sublime Ministério Crístico não se cumprisse, precisaríamos desconsiderar que aqueles corajosos emissários do passado teriam proferido palavras vindas da parte do Altíssimo.

Há quem possa argumentar que elas ainda estão para acontecer. Na minha modesta opinião, já se realizaram em Jesus. Por sinal, no terceiro volume da coleção *O Brasil e o Apocalipse* (1996), publiquei um trabalho sobre a probabilidade matemática de uma pessoa encarnar determinadas quantidades de antevisões a seu respeito. Vejamos o que disse o estudioso do Apocalipse William R. Goetz:

> — *Com respeito ao nascimento, vida, morte e ressurreição de Jesus Cristo, existem mais de sessenta afirmações proféticas, feitas por mais de doze homens, que se cumpriram literalmente, embora, em alguns casos, tivessem sido feitas até mil anos antes de Seu nascimento.*

Goetz também cita um levantamento feito pelo professor Peter Stoner (1888-1980) descartando, pela ciência probabilística, que a explicação mais razoável para esse fenômeno fosse tão somente uma mera coincidência. Prossegue Goetz:

> — *Stoner trata extensivamente da ciência da probabilidade em seu exame da profecia bíblica. Com relação a apenas oito das 60 profecias específicas sobre a primeira vinda de Cristo, ele diz: "vemos que a possibilidade de qualquer homem ter vivido até o presente e ter cumprido todas as oito profecias é de 1 em* 10^{17}*. Isso significa 1 em 100.000.000.000.000.000* [cem quatrilhões]".

E ele ainda comenta outro cálculo feito por Stoner, considerando quarenta e oito profecias se cumprirem em uma única pessoa, chegando ao incrível número de 1 cm 10^{157}:

> — *É praticamente impossível visualizar-se um número tão grande. E lembremos, entretanto, que não foram apenas 8 ou 48 profecias que Jesus cumpriu perfeitamente, mas 60, o que demonstra que essas profecias realizadas constituem um forte testemunho quanto à autenticidade Dele e dos profetas.*

Jesus, pelos Seus Feitos Divinais, demonstrou ser o Verbo de Deus Encarnado, Aquele que veio ao mundo para realizar as obras de Seu Pai Celestial, a ponto de as testemunhas oculares da época exclamarem com imenso espanto:

— *Vendo, pois, os homens o sinal que Jesus fizera, disseram: Este é, verdadeiramente, o Profeta que devia vir ao mundo!* (Evangelho, segundo João, 6:14).

O Evangelho confirma a ascendência do Rabi da Galileia

***Academia Jesus, o Cristo Ecumênico, o Divino Estadista** — Ainda sobre o que fora anunciado a Moisés, em sua obra* Jesus, a Dor e a origem de Sua Autoridade — O Poder do Cristo em nós *(2014), Paiva Netto explicou:*

Naquele tempo, visto o receptor dos Dez Mandamentos encontrar-se ainda no plano físico, não lhe era possível saber de forma clara — apesar de ser um extraordinário médium — que o Messias prometido, que viria depois dele, *"Profeta semelhante a ti* [Moisés]*"* (Deuteronômio, 18:18), **se chamaria Jesus**... Como esclarece o Apóstolo Paulo,

— *as coisas espirituais têm de ser discernidas espiritualmente* (Primeira Epístola aos Coríntios, 2:14).

E lembro a vocês que a Autoridade Una de Jesus, consolidada antes mesmo da criação deste planeta, e a Missão Espiritual incomparável, que Ele cumpriu plenamente, nos levam a concluir que o Rabi da Galileia é superior a Moisés em termos de evolução espiritual. Tais condições estavam anunciadas no Antigo Testamento, como podemos ler, por exemplo, no versículo segundo do capítulo quinto do livro do Profeta Miqueias:

> — *E tu,* ***Belém*** *Efrata, pequena demais para figurar no grupo de milhares de Judá,* ***de ti farei sair Aquele que há de reinar*** *em Israel, e* ***cujas origens são desde os dias da Eternidade.***

O Divino Mestre atestou em muitas passagens Seu Poder Espiritual, a exemplo desta em Seu Santo Evangelho, consoante Mateus, 28:18 a 20:

Mateus

> 18 *Jesus, aproximando-se, falou-lhes, dizendo:* ***Toda a autoridade me foi dada no Céu e na Terra.***
> 19 *Ide, portanto, fazei discípulos de todas as nações, batizando-os em nome do Pai, e do Filho, e do Espírito Santo;*
> 20 *ensinando-os a guardar todas as coisas que vos tenho ordenado.* ***E eis que estou convosco todos os dias até à consumação do século.***

Se Jesus prometeu estar conosco até o fim dos tempos e certamente além dele, também já se encontrava em unidade com Deus antes do surgimento da Terra, lembrando o que revelou:

> — *Eu e o Pai somos UM.*
>
> Jesus (João, 10:30)

E na Sua Oração Sacerdotal, ainda roga:

> — *Agora, ó Pai, glorifica-me Contigo mesmo, com* ***a glória que Eu tive junto de Ti, antes que houvesse mundo*** (Evangelho, consoante João, 17:5).

Quando interpelado, de forma mal-intencionada, sobre como poderia conhecer Abraão com tão pouca idade, replicou soberanamente:

> — *Em verdade, em verdade vos digo:* ***antes*** *que* ***Abraão*** *existisse,* ***Eu já existia***.
>
> Jesus (João, 8:58)

O próprio Deus também assim se apresentara:

> *11* ***Eu, Eu sou o Senhor, e fora de mim não há salvador.***

> [12] *Eu anunciei salvação, realizei-a e a fiz ouvir; deus estranho não houve entre vós, pois vós sois as minhas testemunhas, diz o Senhor;* ***Eu sou Deus.***
> [13] ***Ainda antes que houvesse dia, Eu já existia****; e nenhum há que possa livrar alguém das minhas mãos; agindo Eu, quem o impedirá?*
>
> (Isaías, 43:11 a 13)

Ou seja, Jesus está presente antes mesmo que o planeta fosse formado por Ele, em coautoria com o Criador, de acordo com o que se encontra expresso nos emocionantes versos da Boa Nova, segundo João, 1:1 a 3, e que é uma importante chave para compreendermos por que o Verbo do Altíssimo se identificou a Esmirna como o Primeiro e o Último:

> [1] *No princípio era o* ***Verbo****, e o* ***Verbo estava com Deus****, e* ***o Verbo era Deus.***
> [2] *Ele estava no princípio com Deus.*
> [3] *Todas as coisas foram feitas por Ele, e,* ***sem Ele, nada do que foi feito se fez, Cristo Jesus.***

Alfa e Ômega do planeta Terra

Ora, **Deus é o Princípio e o Fim do Universo. Jesus é o Alfa e o Ômega do planeta Terra.** Tudo parte Deles e a Eles regressa. É o sentido da Eternidade, em ciclo infinito perfeito. Todas as coisas foram feitas por intermédio do Cristo, em unidade absoluta com o Supremo Arquiteto do Universo[28], portanto **Deus e Seu Filho Unigênito estão no início de tudo e Neles as etapas proféticas se concluem para que possam abrir outras melhores para nós, porque não há finitude, apenas recomeços.**

Por tudo isso e muito mais, dada a uniformidade entre Deus e Jesus, manifestando em Si todas as Divinas Propriedades do Criador, o Sublime Ressuscitado pôde aparecer majestosamente a João Evangelista-Profeta, em plenitude espiritual — deixando o Discípulo Amado atônito. Narra o exilado de Patmos quanto ao que testemunhou:

> [17] *Logo que O vi, caí a Seus pés como morto. Ele, porém, colocou sobre mim a Sua mão direita, dizendo: Não temas;* ***Eu sou o Alfa e o Ômega, o Primeiro e o Último****.*
>
> [18] *Fui crucificado, mas* ***eis-me aqui; estou vivo pelos séculos dos séculos*** *e tenho as chaves da morte e do inferno.*
>
> (Apocalipse, 1:17 e 18)

E se, no primeiro capítulo do Apocalipse, Deus anuncia e atesta a Volta Triunfal do Cristo ao plane-

---

[28] **Supremo Arquiteto do Universo** — Forma com que os Irmãos Maçons se referem a Deus.

ta[29], no último, Ele passa a palavra ao Seu Filho Amado, em Quem Ele se compraz:

> 12 ***E repete o Cristo: Eis que venho sem demora***, *e comigo está o galardão que tenho para retribuir a cada um segundo as suas próprias obras.*
>
> 13 ***Eu sou o Alfa e o Ômega, o Primeiro e o Último, o Princípio e o Fim.***
>
> (Livro da Revelação, 22:12 e 13)

É com esse Poder e essa Autoridade Espiritual que Jesus, o Profeta Divino, escreve à Igreja em Esmirna, portanto aos nossos corações por toda a Eternidade.

Que assim seja!

Deus e Seu Filho Unigênito estão no início de tudo e Neles as etapas proféticas se concluem para que possam abrir outras melhores para nós, porque não há finitude, apenas recomeços.

[29] Leia também o subtítulo "A Volta de Jesus sobre as nuvens vai muito além do significado literal" em *As Profecias sem Mistério* (1998), de Paiva Netto.

O DIVINO RESSUSCITADO

***Academia Jesus, o Cristo Ecumênico, o Divino Estadista** — Durante suas pregações fraternas ao longo das décadas, o Presidente-Pregador da Religião Divina costumava fazer uma pergunta à plateia, de maneira bem popular:* "Tem alguém cansado aí?" *Ou também:* "Há alguém cansado aí?" *Ou ainda:* "Há alguém com pressa aí?" *Ao que a audiência prontamente respondia com força: "Não!"*

Paiva Netto demonstra por que não devemos ser afoitos na análise do texto bíblico:

O estudo que realizamos do Evangelho-Apocalipse de Jesus é sempre profundo, porque almejamos acessar o Conhecimento Divino, que provém diretamente do Astral do Cristo. Enfatizo em minhas preleções que o Texto Sagrado não pode ser lido e analisado apressadamente como "gato sobre brasa". Por isso, vamos sem correria, ponto a ponto, apreciando cada tema.

Não é emocionante a quantidade de Magnos Assuntos Espirituais com os quais somos agraciados em apenas um versículo?! E uma coisa vai puxando a outra. Meu Deus do Céu, quantas bênçãos!

Sigamos para o trecho final do versículo oitavo, no qual nos é revelado pelo Mestre dos mestres:

> 8 *Ao Anjo da Igreja em Esmirna escreve:*
> *Estas coisas diz o Primeiro e o Último,* ***que esteve morto e tornou a viver***.
>
> (Apocalipse, 2:8)

No início da nossa análise desta Carta de Jesus à Igreja em Esmirna, mencionamos que Ele faz alusão a questões históricas e culturais estimadas pelo povo da localidade, que detinha primoroso sentimento patriótico. Um dos aspectos que apontamos refere-se ao período em que a cidade por pouco não foi extinta, mas se reergueu, demonstrando a sua obstinada capacidade de sobrevivência. Há estudiosos que comparam esse fato à maneira com que o Vitorioso Ressuscitado se apresenta neste versículo oitavo — como Aquele ***"que esteve morto e tornou a viver"*** — criando com isso **fortíssima identidade com os destinatários de Sua correspondência**.

Além do mais, por que Jesus se anuncia dessa maneira? Observem que nem para Esmirna, nem para Filadélfia o Cristo de Deus faz reprimendas em Suas Missivas. Será que nada tinham para ser corrigido? Não faria sentido, pois sempre há o que melhorarmos. No entanto, **até para repreender erros tem a forma e o momento certo**. Caso contrário, sabotamos seu efeito pedagógico. Especialmente nesta comunidade que estamos examinando, notaremos que ela se encontra na iminência de passar por dolorosa provação. Portanto, **prepará-la para os eventos extremos que hão de se dar é o que o Celeste Professor objetiva ao reportar a todos o Seu exemplo máximo de sacrifício e vitória**. Com isso, o Cristo inspira a perseverança e a coragem naqueles que enfrentariam pavorosos suplícios em Seu nome, envolvendo-os no conforto de saberem que nem mesmo a morte significa derrota ou fim.

Jesus jamais abandona quem quer que seja diante de um tormento. Antes de uma prova em testemunho a Ele próprio, sempre irá capacitá-la ou capacitá-lo para alcançar o triunfo. É aquilo que Zarur dizia, ao analisar o termo Legionário (Soldado), e que registrei no segundo volume das *Sagradas Diretrizes Espirituais da Religião de Deus, do Cristo e do Espírito Santo*[30] (1990):

[30] ***Sagradas Diretrizes Espirituais da Religião de Deus, do Cristo e do Espírito Santo*** — Coletânea de Paiva Netto, disposta em três volumes, constitui o dorso da doutrina irrestritamente ecumênica da Religião do Amor Universal. Adquira pelo *site* www.PaivaNetto.com/livros.

— *Se as nações armam seus guerreiros para a guerra, como é que Jesus não armará* [espiritualmente] *os Seus Legionários da Boa Vontade de Deus para a luta que enfrentam pela vitória do Amor Universal, o Amor do Seu Novo Mandamento na Terra?*

Naturalmente, não com a artilharia do ódio de seres humanos sangrentos, mas com as armas espirituais do Amor, que dissipa a ira.

A morte não pode deter a ação do Espírito

No meu artigo "Mensagem do Túmulo Vazio"[31], que redigi na madrugada de 25 de agosto de 1997, no Rio de Janeiro/RJ, declarei:

(...) De um pretenso término do planeta, ergue-se extraordinário princípio. Como houve a Ressurreição de Jesus, no simbolismo emblemático do Túmulo Vazio, a nos alertar para o fato de que **a morte não pode deter a ação do Espírito**, perpetuamente haverá para nós a certeza de épocas mais auspiciosas, pois que a afirmação de Deus no Apocalipse, 21:5, de que fará, não obstante as dores provocadas pela insensatez humana, *"novas todas as coisas"* é para valer. Necessário se

[31] A íntegra do artigo "Mensagem do Túmulo Vazio" encontra-se publicada em *Jesus, o Libertador Divino* (1988), da lavra de Paiva Netto.

faz, entretanto, que cooperemos em favor desse feliz desiderato, conforme advertência do Apóstolo Pedro em sua Segunda Epístola, 3:11 e 12:

— *(...) Vivei em santo procedimento e piedade,* ***esperando e apressando*** *a vinda deste Dia do Senhor (...).*

* * *

A Ressurreição de Jesus foi um episódio tão marcante que mereceu registro do historiador judeu Flávio Josefo (aprox. 37-100), sendo considerado um dos documentos, à parte do Novo Testamento da Bíblia Sagrada, que atestam quanto à Primeira Vinda Visível do Messias[32]. Ele assim anotou:

— ***Por esse tempo, surgiu Jesus, homem sábio.*** *Pois* ***ele era autor de feitos extraordinários,*** *mestre dos homens que aceitam alegremente coisas*

---

[32] **Nota de Paiva Netto**
Apesar do debate acerca da veracidade dos textos de Josefo, vários especialistas concordam quanto à autenticidade da maior parte dos seus escritos, estando a anotação citada nesta obra presente em todas as traduções antigas e nos manuscritos gregos, sofrendo pequenas variações, sem prejuízo ao conteúdo.

estranhas. Ele arrastou após si muitos judeus e muitos gregos. ***Ele era considerado Messias.*** *Embora Pilatos, por acusações dos nossos chefes, o condenasse à cruz, aqueles que o tinham amado desde o princípio não cessariam de proclamar que,* ***passado o terceiro dia, apareceu-lhes novamente vivo; os profetas de Deus tinham predito a respeito dele.*** *Ademais, até o presente, a estirpe dos cristãos, assim chamada por referência a ele, não cessou de existir.*

Jesus jamais abandona quem quer que seja diante de um tormento. Antes de uma prova em testemunho a Ele próprio, sempre irá capacitá-la ou capacitá-lo para alcançar o triunfo.

A APOTEOSE DO CRISTO DE DEUS

(Parte 1)

***Academia Jesus, o Cristo Ecumênico, o Divino Estadista** — Em 31 de dezembro de 1997, às vésperas de saudar a chegada de um novo ano, o Líder da Juventude Ecumênica da Boa Vontade de Deus conduziu, pela Super Rede Boa Vontade de Rádio, uma Cruzada do Novo Mandamento de Jesus no Lar[33], com a presença de muitos Cristãos do Novo Mandamento, na qual*

---

33 **Cruzada do Novo Mandamento de Jesus no Lar** — Veiculada, toda segunda-feira, na Super Rede Boa Vontade de Comunicação (veja a relação de emissoras no portal boavontade.com e baixe o aplicativo Boa Vontade Play), a Cruzada do Novo Mandamento de Jesus no Lar é transmitida diretamente da Igreja Familiar nº 1 da Religião de Deus, do Cristo e do Espírito Santo, sob a responsabilidade do casal Paiva Netto, e estendida a todas as demais Igrejas Familiares da Religião do Amor Universal. Para se inteirar ainda mais sobre esse importante trabalho da Religião Divina, leia o primeiro volume das *Sagradas Diretrizes Espirituais da Religião de Deus, do Cristo e do Espírito Santo* (1987).

estudava justamente a Gloriosa Ressurreição do Cristo[34]. *É uma passagem que ele analisa de forma recorrente em seus escritos e na Comunicação 100% Jesus.*

Paiva Netto, naquele dia, de improviso, comentou:

Estamos aqui mais uma vez para a Reunião do Centro Espiritual Universalista, o CEU da Religião de Deus, do Cristo e do Espírito Santo, porque **os mortos não morrem**[35], a Vida é eterna. **O grande equívoco da humanidade é pensar que a morte acabe com alguma coisa.** Por isso é que tantas situações ocorrem erradamente neste mundo:

---

34 **Uma Ressurreição especial** — Dentre as inúmeras páginas que Paiva Netto já se dedicou a escrever a respeito da Magistral Ressurreição do Divino Mestre, destacamos as seguintes: "Uma Ressurreição especial", em *Jesus, o Profeta Divino* (2011); "Jesus e Sua Vitória Triunfal sobre a morte", em *Os mortos não morrem* (2018); "Da Luz na Manjedoura à Volta Triunfal de Jesus", em *Jesus, a Dor e a origem de Sua Autoridade — O Poder do Cristo em nós* (2014); e "A Ascensão de Jesus" e "Mensagem do Túmulo Vazio", em *Jesus, o Libertador Divino* (1988). Essa e outras obras podem ser adquiridas pelo *site* www.PaivaNetto.com/livros.

35 ***"Os mortos não morrem!"*** — Inspirado no Santo Evangelho-Apocalipse de Jesus, Paiva Netto pediu que gravassem nos portais da Sala Egípcia do Templo da Boa Vontade (TBV), nos mais diversos idiomas, e também em hieróglifos, o grande brado do TBV: *"Os mortos não morrem!"* A frase é igualmente título de um de seus *best-sellers*, lançado em Brasília/DF, Brasil, durante as comemorações dos 29 anos do monumento, em 20 de outubro de 2018. A primeira edição esgotou-se no mesmo dia. Nele, o autor une, a partir do exemplo de Jesus, a visão espiritualista a avançados estudos científicos, além do testemunho de inúmeras personalidades acerca do fenômeno chamado morte.

> — *Deus é Deus de vivos, não de mortos. Por não crerdes nisto, andais muito enganados.*
>
> Jesus (Marcos, 12:27)

Um ano se finda, outro tem início; um ano morre, outro nasce. Porque, repito, a Vida é eterna. **E tudo é Vida, agora e sempre!**

Ora, toda a nossa inspiração, nós a retiramos do Evangelho-Apocalipse de Jesus, da Bíblia Sagrada em sua Parte Divina, que é a Profecia. Afinal,

> — *o Testemunho de Jesus, o Cristo, é o espírito de profecia* (Apocalipse, 19:10).

Então, **os Profetas** — e suas palavras estão registradas no Texto Santo — **são comparáveis a Guardiães do Testemunho de Jesus**, mantenedores pelos milênios do recado que Deus mandou aos seres humanos. Se eles não fossem corajosos, se não enfrentassem com audácia as dificuldades, como saberíamos do Legado Espiritual-Humano de Jesus, que não se inicia, como pensam muitos, no Novo Testamento? Vem desde antes da Gênese Mosaica, porque tudo foi uma preparação para a Primeira Vinda Visível do Governante Supremo do planeta Terra e para o Seu Retorno Triunfal.

> — *Jesus morreu!* — gritavam entristecidos, e até apavorados, os Seus seguidores.

— *E as Suas promessas, como serão cumpridas?* — questionavam amedrontados.

Entretanto, **sabemos que Ele ressuscitou**. Por isso, **jamais temamos coisa alguma na nossa vida, nem mesmo a morte** — a começar por ela, que é um fatalismo em toda a realidade humana material, não nos esquecendo de que **a existência em si mesma é eterna**. Atenção: não acabamos num túmulo ou servindo de pasto às aves de rapina. **O corpo é apenas a vestimenta para o nosso Espírito. Contudo, por ser extraordinária ferramenta concedida por Deus à nossa evolução, precisamos zelar por ele, sem jamais prejudicá-lo. Daí a nossa Campanha Permanente Pela Vida, contra o suicídio.**

A Trindade Sagrada na Ressurreição

Jesus ressuscitou. E nós, com Ele, todas as vezes que realmente estamos integrados no Seu pensamento. Seu corpo foi sepultado, mas Sua Alma reapareceu em novo envoltório, à visão de todos, três dias depois. E **cada dia correspondeu a uma figura da Trindade Sagrada**, apresentadas na ordem inversa: **o Espírito Santo, o Cristo e a explosão de luzes quando Ele ressurgiu em Deus**, que é o Senhor da Vida, o Criador de todas as criaturas.

Lucas

Se o Natal simboliza o nascimento do Divino Mestre e renova nosso Espírito para o Seu Retorno Glorioso, o Ano-Novo representa a Triunfante Ressurreição de Jesus. Por isso, abrimos no Seu Santo Evangelho, segundo Lucas, 24:1 a 53, no qual encontramos a passagem:

A Ressurreição de Jesus

1 *No primeiro dia da semana, alta madrugada, foram elas ao túmulo, levando os aromas que haviam preparado.*

[Elas quem? As mulheres que tinham vindo da Galileia com Jesus, seguindo-O, e viram o túmulo e como o corpo fora ali depositado, conforme, no versículo 55 do capítulo 23, descreve ainda o Evangelista Lucas.]

2 *E encontraram a pedra removida do sepulcro;*
3 *mas, ao entrarem não acharam o corpo do Senhor Jesus.*
4 *Aconteceu que, perplexas a esse respeito, apareceram-lhes dois varões com vestes resplandecentes.*
5 *E estando elas possuídas de grande temor, baixando os olhos para o chão, eles lhes falaram:* ***Por que buscais entre os mortos Aquele que vive****?*

*6 **Ele não está aqui, mas ressuscitou.** Lembrai-*
-vos, pois, de como vos preveniu, estando ainda na
Galileia,
7 quando disse: Importa que o Filho de Deus seja
*entregue nas mãos de pecadores, e **seja crucificado,***
***e ressuscitado ao terceiro dia**.*
8 Então, elas se lembraram das palavras de Jesus.
9 E, voltando do sepulcro, anunciaram todas essas
coisas aos onze e a todos os demais que com eles esta-
vam.
10 Eram Maria Madalena, Joana e Maria, mãe de
Tiago; também as que estavam com elas que confir-
maram estas coisas aos Apóstolos.
11 Tais palavras pareciam aos Apóstolos como delí-
rio, e eles não acreditaram nelas.
12 Pedro, porém, levantando-se, correu ao sepul-
cro. E, abaixando-se, nada mais viu, senão os lençóis
de linho; e retirou-se para casa, maravilhado do que
havia acontecido.

No caminho de Emaús

13 Naquele mesmo dia, dois discípulos estavam de
caminho para uma aldeia chamada Emaús, distante
de Jerusalém sessenta estádios.
14 Eles iam conversando a respeito de todas as coisas
sucedidas.

15 *Aconteceu que, enquanto discutiam e falavam, o próprio Jesus se aproximou e andava com eles.*

16 *Os seus olhos, porém, estavam como que impedidos de O reconhecer.*

17 *Então, Jesus lhes perguntou: Que é isso que vos preocupa e de que ides tratando à medida que caminhais? E eles pararam entristecidos.*

18 *Entretanto, um, chamado Cleopas, respondeu, dizendo: Senhor, és o único, porventura, que, tendo estado em Jerusalém, ignoras as ocorrências destes últimos dias?*

19 *Ele lhes perguntou: Quais? E explicaram: O que aconteceu a Jesus de Nazaré, que era varão Profeta, poderoso em obras e palavras, diante de Deus e de todo o povo,*

20 *e como os principais sacerdotes e as nossas autoridades O entregaram para ser condenado à morte e O crucificaram.*

21 *Ora, nós esperávamos que fosse Ele Quem havia de redimir a Israel; mas, depois de tudo isto, já é este o terceiro dia desde que tais coisas sucederam.*

22 *É verdade também que algumas mulheres, das que conosco estavam, nos surpreenderam, tendo ido de madrugada ao túmulo;*

23 *e, não achando o corpo de Jesus, voltaram dizendo terem tido uma visão de Anjos, os quais afirmam que Ele vive.*

24 *De fato, alguns dos nossos foram ao sepulcro e verificaram a exatidão do que disseram as mulheres; mas não O viram.*
25 *Então, lhes respondeu Jesus: Ó néscios e tardos de coração para crer em tudo aquilo que os Profetas disseram!*
26 *Porventura, não convinha que o Cristo padecesse e entrasse na Sua Glória?*
27 *E, começando por Moisés, discorrendo por todos os Profetas, Jesus lhes expunha o que a Seu respeito constava em todas as Escrituras.*
28 *Quando se aproximavam da aldeia para onde iam, fez Ele menção de passar adiante.*
29 *Mas eles O constrangeram, dizendo: Fica conosco, porque é tarde, e o sol já declina. E então Jesus entrou na casa.*
30 *E aconteceu que, quando estavam à mesa, tomando Ele do pão, abençoou-o e, tendo-o partido, lhes entregou;*
31 *então, os olhos daqueles dois discípulos se abriram e O reconheceram; mas Jesus desapareceu da presença deles.*
32 *E disseram um ao outro: Porventura, não nos ardia o coração, quando Ele, pelo caminho, nos falava, enquanto nos expunha as Escrituras?*
33 *E, nessa mesma hora, levantando-se, voltaram para Jerusalém, onde acharam reunidos os onze e outros com eles,*

*34 os quais diziam: O Senhor ressuscitou e já apa-
receu a Simão!*
*35 Então, os dois contaram o que lhes acontecera no ca-
minho e como fora por eles reconhecido no partir do pão.*

Jesus aparece aos Discípulos

*36 Falavam ainda estas coisas quando Jesus surgiu
no meio deles e lhes disse:* ***Paz seja convosco!***
*37 Eles, porém, surpresos, atemorizados, acredita-
vam estarem vendo um Espírito.*
*38 Mas Jesus lhes perguntou: Por que estais pertur-
bados? E por que sobem dúvidas ao vosso coração?*
*39 Vede as minhas mãos, vede os meus pés, que sou
Eu mesmo; tocai-me e verificai, porque um Espírito
não tem carne nem ossos, como vedes que Eu tenho.*
*40 Dizendo isto, o Senhor mostrou-lhes as mãos e
os pés.*
*41 E, por não acreditarem eles ainda, por causa da
alegria, e estando admirados, Jesus lhes disse: Tendes
aqui alguma coisa que comer?*
*42 Então, Lhe apresentaram um pedaço de peixe
assado e um favo de mel.*
43 E Jesus comeu na presença deles.

Jesus explica as Escrituras

*44 A seguir, lhes disse: São estas as palavras que
Eu vos falei, estando ainda convosco: importava se*

cumprisse tudo o que de mim está escrito na Lei de Moisés, nos Profetas e nos Salmos.
45 Então, Jesus lhes abriu o entendimento para compreenderem as Escrituras;
46 foi quando lhes disse: Assim está escrito que o Cristo havia de padecer e ressuscitar dentre os mortos no terceiro dia
47 e que em Seu nome se pregasse arrependimento para remissão de pecados a todas as nações, começando de Jerusalém.
48 Vós sois testemunhas destas coisas.
49 Eis que envio sobre vós a promessa de meu Pai; permanecei, pois, na cidade, até que do alto sejais revestidos de poder.

A ascensão do Cristo

50 Então, Jesus os levou para Betânia e, erguendo as mãos, os abençoou.
51 E aconteceu que, enquanto os abençoava, ia-se retirando deles, sendo elevado para o Céu.
52 Então, todos, adorando-O, voltaram para Jerusalém, tomados de grande júbilo;
53 e permaneciam sempre no Templo, louvando a Deus.

Jesus ressuscitou. E nós, com Ele, todas as vezes que realmente estamos integrados no Seu pensamento. Seu corpo foi sepultado, mas Sua Alma reapareceu em novo envoltório, à visão de todos, três dias depois. E cada dia correspondeu a uma figura da Trindade Sagrada, apresentadas na ordem inversa: o Espírito Santo, o Cristo e a explosão de luzes quando Ele ressurgiu em Deus, que é o Senhor da Vida, o Criador de todas as criaturas. Se o Natal simboliza o nascimento do Divino Mestre e renova nosso Espírito para o Seu Retorno Glorioso, o Ano-Novo representa a Triunfante Ressurreição de Jesus.

A APOTEOSE DO CRISTO DE DEUS

(Parte 2 – final)

Promessa do derramamento do Espírito

Minhas Amigas e meus Irmãos, minhas Irmãs e meus Amigos, que sentimento nos toma a simples leitura dos relatos da missão magnífica do Cristo de Deus! Ele que desceu até nós para que tenhamos Espírito e Vida, de forma que a promessa do derramamento do Espírito, de acordo com o que lemos no Profeta Joel, 2:28 e 29, se prolongue pelos séculos dos séculos:

Profeta Joel

> — *E acontecerá, depois, que* ***derramarei o meu Espírito sobre toda a carne****; vossos filhos, vossas filhas profetizarão, vossos velhos sonharão, e vossos jovens terão visões; até sobre os servos e sobre as servas derramarei o meu Espírito naqueles dias.*

Recorramos novamente ao que confirma o Santo de Deus, em Seu Evangelho, segundo Marcos, 13:11:

— *Quando, pois, vos levarem e vos entregarem perante os tribunais, não vos preocupeis com o que haveis de dizer, mas aquilo que vos for concedido naquela hora, isto falai; porque não sois vós os que falais, porque* ***o Espírito Santo falará por vós.***

O Cristo pergunta no Evangelho se, quando Ele voltar, porventura encontrará Fé entre as criaturas. Foi essa a resposta que registrei no prefácio do *Livro Jesus*, lançado em 1º de abril de 1983, uma Sexta-Feira Santa, e que consagrei em Salvador, Bahia onde tudo começou[36]. Naquela data, fiz a **Proclamação de Jesus Vivo** e declarei aquele como sendo o Dia da Verdade — não mais o da mentira —, porque Jesus não morreu, Ele ressuscitou. Mas vamos ao item 8 dessa abertura:

8 — No Evangelho, segundo Lucas, capítulo 18, versículo 8, Jesus indaga:

— ***E quando vier, em Sua Volta, o Filho de Deus porventura encontrará Fé na Terra?***

---

[36] Em 1500, os portugueses chegaram ao Brasil e se instalaram na região que hoje corresponde à Bahia. A primeira terra que avistaram foi o litoral sul baiano, onde aportaram, em Porto Seguro, no dia 22 de abril, liderados por Pedro Álvares Cabral (aprox. 1467-1520).

E nós, Legionários da Boa Vontade e Cristãos do Novo Mandamento, Amigos de Jesus, que não duvidamos do Poder do Sublime Ressuscitado, convictamente respondemos que **sim! Jesus encontrará Fé Realizante entre aqueles que sabem perseverar no Bem, nas Boas Obras e na crença em Sua Divina Majestade e Excelsa Misericórdia.** Fé capaz de vencer todos os obstáculos e sobreviver às tragédias do próximo e derradeiro Armagedom[37] deste ciclo, anunciado no Apocalipse, o Último Livro da Bíblia Sagrada.

* * *

E na Sua Boa Nova, segundo João, 11:25 e 26, lemos:

> 25 *E disse-lhes o Cristo de Deus:* ***Eu sou a Ressurreição e a Vida. Quem crê em mim, ainda que morra, viverá;***
> 26 *e* ***todo o que vive e crê em mim não morrerá, eternamente.*** *Credes, porém, nisto que vos digo?*

---

[37] **Armagedom** — Citado no Apocalipse de Jesus, 16:16: *"E os juntaram* [os reis do mundo inteiro] *num lugar que em hebraico se chama Armagedom"*. O saudoso Proclamador da Religião de Deus, do Cristo e do Espírito Santo, Alziro Zarur, costumava dizer: *"A guerra total, o Armagedom final, não deixará qualquer nação neutra"*.

Na Religião do Terceiro Milênio, com nossas vozes somadas a tanta gente pelo mundo, respondemos: **Sim, Jesus, nós cremos! Cremos! Cremos! E cremos!** Toda a nossa força está nesta Fé em Ti, porque aprendemos Contigo também, no Teu Evangelho da Paz, que Tu és a Árvore, nós somos somente os ramos. Portanto, nada poderemos realizar sem aquele Poder que do Pai Celestial desce sobre Seu Filho. E esse Filho nós sabemos que és Tu, Jesus, Aquele que manda a nós o socorro do mais Alto, como revela o Apóstolo Paulo, na Epístola aos Hebreus, 1:14, jamais nos desamparando:

> — *Os Anjos são mandados em favor daqueles que hão de herdar a salvação.*

Esses seres são os nossos Amigos Espirituais, Anjos da Guarda, os Espíritos de Deus, Numes Tutelares, Guias Invisíveis, aqueles que formam a Gloriosa Falange de São Francisco de Assis, Patrono da Legião da Boa Vontade.

Estamos todos aqui reunidos rogando a Deus e trabalhando para que o porvir seja magnânimo, cheio de Esperança e repleto de dias melhores, como na Ressurreição de Jesus.

A carne ensombrece o Espírito. Vençamos isso!

Vocês viram em que situação ficaram os Discípulos e os Apóstolos? E o quanto Jesus precisou se empenhar para que se convencessem de que Ele havia ressuscitado?! A ponto de ter de falar com a Sua Autoridade:

> 38 *Por que estais perturbados? E por que sobem dúvidas ao vosso coração?*
> 39 *Vede as minhas mãos, vede os meus pés, que sou Eu mesmo; tocai-me e verificai, porque um Espírito não tem carne nem ossos, como vedes que Eu tenho.*
>
> Jesus (Lucas, 24:38 e 39)

Na passagem que lemos no capítulo anterior, quando os discípulos seguiam a caminho da aldeia de Emaús, Jesus, apesar de apresentar vários sinais que O identificariam, demorou a ser reconhecido. No versículo 25 do capítulo 24 do Evangelho, segundo Lucas, o Mestre novamente usou da Sua Força Espiritual, erguendo uma voz repreensiva para aqueles descrentes, ao exclamar:

> — *Ó néscios e tardos de coração para crer em tudo aquilo que os Profetas disseram!*

Isto é, como demoram a entender as Revelações Espirituais! E o sofrimento do Cristo está aí: veio à Terra, deixou-se crucificar, sendo o Rei dos reis e Senhor dos senhores, para que acreditássemos que somos o Templo do Deus Vivo[38] — diante de uma prova inafastável, que é a Luminosa Presença Dele entre nós —, e ainda assim há quem duvide.

A Sua "morte" precisa ser grafada entre aspas, porquanto ninguém morre. Se Ele prometeu Vida Eterna, como iria morrer? E, ao ressuscitar, traz a confirmação do que vaticinaram os Profetas. Não obstante, a turma estava "comendo mosca", empregando uma expressão bem popular.

Neste comício permanente da Política de Deus — a Política para o Espírito Imortal do ser humano —, sabemos que **se o túmulo estava vazio é porque os mortos não morrem**. Por isso, saudamos os nossos Amigos Espirituais — em especial, o nobilíssimo Dr. Bezerra de

Dr. Bezerra de Menezes

Menezes (Espírito), que está sempre convocando o pessoal na Comunicação 100% Jesus —, pois permanecemos em plena Revolução Mundial dos Espíritos de Luz, na Quarta Revelação[39] — a Religião Divina.

---

38 Primeira Epístola de Paulo aos Coríntios, 3:16.

39 **Revolução Mundial dos Espíritos de Luz, na Quarta Revelação** — Anunciada em 1953, por Alziro Zarur (1914-1979), abrange um amplo movimento de caráter ecumênico total, que promove o intercâmbio consciente entre as Duas Humanidades: a da Terra e a do Céu da Terra. A iniciativa ganhou corpo a partir da década de 1990, quando o escritor Paiva Netto deu maior desenvoltura às reuniões práticas do Centro Espiritual Universalista (CEU), criando, em 6 de janeiro de 1992, o primeiro grupo de Mediunidade Direta da Religião do Amor Universal. Sob o

A Super Rede Boa Vontade de Comunicação (rádio, TV, internet e publicações) é tão audaciosa, está tão à frente, que coloca a palavra dos Espíritos de Deus no ar. Não queremos uma cultura que termine no túmulo, senão seria a do fedor. **Almejamos a que prossegue pela Vida Eterna. E é esta que vai espiritualmente reformular tudo no Brasil e na humanidade.**

Jesus encontrará Fé Realizante entre aqueles que sabem perseverar no Bem, nas Boas Obras e na crença em Sua Divina Majestade e Excelsa Misericórdia. Fé capaz de vencer todos os obstáculos e sobreviver às tragédias do próximo e derradeiro Armagedom deste ciclo, anunciado no Apocalipse, o Último Livro da Bíblia Sagrada.

comando de Paiva Netto — que acrescentou ao título dessa Revolução Divina a expressão "de Luz" —, o Irmão Dr. Bezerra de Menezes coordena, no Mundo Espiritual, esse vanguardeiro trabalho. Em 3 de abril de 1993, o bondoso clínico do Céu assim se expressou: *"A equipe médica da Medicina Divina está olhando a todos, não somente aqueles que estão dentro dos recintos das Igrejas Ecumênicas da Religião de Deus, do Cristo e do Espírito Santo, mas também a todos aqueles que não puderam se deslocar, por dificuldades físicas, orgânicas, materiais. Estamos com 50 mil médicos do Etéreo trabalhando, a todo vapor, para a libertação dos males físicos e espirituais do Brasil e do mundo".*

ROMPER COM A MENTALIDADE CATIVA DA "MORTE"

Cortar os laços que nos prendem à mentalidade unicamente restrita à dimensão material é a chave para podermos levar adiante o *"Ide e pregai"* de Jesus[40], com o batismo espiritual da Fé Realizante e do *"arrependimento para a remissão dos pecados"*. E isso apenas se dará com a Sublime Iluminação da Fraternidade Ecumênica, porquanto o Cristo Estadista profetiza no Seu Evangelho, segundo Lucas, 24:46 e 47:

> 46 *Assim está escrito que o Cristo havia de padecer e ressuscitar dentre os mortos no terceiro dia*

---

40 ***"Ide e pregai"*** — Saiba mais sobre o tema em *A Missão dos Setenta e o "lobo invisível"* (2018), livro do escritor Paiva Netto em que ele nos convida a estudar, versículo a versículo, "A Missão dos Setenta Discípulos de Jesus" (Evangelho, segundo Lucas, 10:1 a 24). Essa e outras obras podem ser adquiridas pelo *site* www.PaivaNetto.com/livros.

> [47] *e que em Seu nome se pregasse arrependimento para remissão de pecados* ***a todas as nações****, começando de Jerusalém.*

Sim, iniciou em Jerusalém e essa hoje é também uma avançadíssima missão do Parlamento Mundial da Fraternidade Ecumênica, o ParlaMundi da LBV[41]: fazer chegar ao mundo inteiro a fraterna mensagem que busca **promover a conciliação universal de todo o conhecimento espiritual e humano, numa poderosa força a serviço dos povos**. Não foi sem motivo que a imprensa o designou "O Parlamento dos Espíritos", pois os fóruns permanentes realizados nele[42] reconhe-

---

[41] **Parlamento Mundial da Fraternidade Ecumênica, o ParlaMundi da LBV** — Inaugurado por Paiva Netto no Natal de Jesus de 1994, forma, com o Templo da Boa Vontade (TBV), o Conjunto Ecumênico Boa Vontade, localizado em Brasília/DF. Veja foto do monumento nas páginas finais deste livro.

[42] **Nota dos editores**

Um exemplo desses grandes debates que são sediados pelo Parlamento Mundial da Fraternidade Ecumênica, o ParlaMundi da LBV, é o Fórum Mundial Espírito e Ciência, criado por Paiva Netto no ano 2000. Com o sucesso daquela primeira sessão plenária, cujo tema foi "Ciência e Fé na trilha do equilíbrio" — sendo considerado pela imprensa um dos maiores eventos do gênero já realizado —, tornou-se um movimento permanente. Ano após ano, o Fórum conta com a participação de renomados cientistas, religiosos e representantes das mais diversas áreas da sociedade para um diálogo fraterno que visa ao seguinte objetivo, nas palavras de seu propositor: *"Ao lançar a proposta de abertura de uma tribuna democrático-ecumênica no ParlaMundi da LBV, quis estabelecer um espaço para o colóquio solidário e profícuo. E assim fomentar o diálogo sobre assuntos fundamentais para o entendimento de nossa existência aqui, neste pequenino*

cem e interagem de forma consciente com a realidade da Vida Eterna.

O versículo 47 do Evangelho, segundo Lucas, capítulo 24, não lembra algo a vocês constante do Apocalipse? Vejamos se alguém acerta. Pois é exatamente o que o próprio Deus nos anuncia, sendo a Profecia mais importante de todos os tempos:

> — *Eis que Jesus vem com as nuvens, e todos os olhos O contemplarão, até mesmo aqueles que O traspassaram. E* ***todas as nações da Terra*** *se lamentarão sobre Ele. Certamente. Amém!* (Apocalipse, 1:7)

Quem fará isso chegar aos quatro cantos do mundo? Recebemos de Jesus Sua honrosa convocação:

> — *Vós sois testemunhas destas coisas* (Evangelho, consoante Lucas, 24:48).

Já mencionamos que o espírito de profecia é o Testemunho de Jesus Cristo (Apocalipse, 19:10). Logo, esse

---

planeta, como também do nosso estágio na hierarquia do Cosmos, utilizando, para esse fim, a conciliação do conhecimento humano com o espiritual nos diversos campos do saber. É com satisfação que observo esse idealismo prosperar, gerando frutos de sabedoria e exemplos de concórdia, tão necessários na contemporaneidade. Por isso, há décadas, grafei: ***A Ciência (cérebro, mente), iluminada pelo Amor (Religião, coração fraterno), eleva o ser humano à conquista da Verdade****"*. Acesse www.forumespiritoeciencia.org.

Testemunho tem de ser propagado a todo o planeta — olhem aí a luminosa tarefa do ParlaMundi da LBV —, porque **a Profecia é a Constituição Divina**, que nos é revelada por meio desses médiuns, ou paranormais, ou sensitivos, que são os Profetas e que não morreram, graças a Deus!

E não é papel de um parlamento elaborar a Carta Magna de um país? Que dirá então materializar no mundo as Normativas Celestes do funcionamento da Vida no planeta — daí novamente o Parlamento Mundial da Fraternidade Ecumênica. Repito para deixar bem claro, pois **rogo ao Perfeito Legislador que todos vocês alcancem com suas Almas essa magnificente missão do ParlaMundi dos Espíritos**!

Precisamos todos entrar em refinada sintonia e conexão com a Humanidade de Cima a serviço do Bem,

Dr. Osmar Carvalho e Silva

para sermos merecedores de acessar esse cabedal de venerável conhecimento, seguindo o sábio conselho do Dr. Osmar Carvalho e Silva (Espírito), que é sempre bom repetir:

— ***O nosso trabalho depende da dedicação de vocês, mas o sucesso de vocês depende do nosso apoio.***

Trata-se do intercâmbio consciente entre as Duas Humanidades — a da Terra com a do Espaço Elevado.

O SENHOR DA VIDA ETERNA

(...) esteve morto e tornou a viver.
(Apocalipse, 2:8)

Não consideram vocês de fundamental importância nos revestirmos com a força espiritual da passagem da Ressurreição de Jesus? Ela é indispensável para compreendermos a profundidade espiritual da maneira que o Mestre dos mestres se apresenta à Sua Igreja em Esmirna (Apocalipse, 2:8).

Ah, mas alguns podem dizer acerca daquele fenômeno ímpar:

— *Não, isso é impossível!*

Ou ainda:

— *Mas a Ciência...*

Eu amo a Ciência, estou sempre falando nela aqui para exaltá-la. Contudo, costumo explicar a vocês que a Ciência não é um fato consumado, senão para que servem os laboratórios até hoje? Todos deveriam ser fechados, porque não haveria mais nada para ser descoberto. Ora, se estamos numa fase da humanidade em que tudo é perspectiva de conhecimento, por que decretar que algo não é possível, segundo a Ciência, se ontem incontáveis episódios, em virtude dos meios que ela possuía, eram considerados inexequíveis, e hoje são questões que as crianças do pré-primário já as têm como normalíssimas? Que tal um pouco de humildade intelectual para amanhã não se encontrar sob a tremenda vergonha de ter, com arrogância, disposto que algo não seria viável e isso, depois, demonstrar-se cientificamente comprovado? Tantas coisas foram catalogadas como impossíveis e aconteceram. E a turma não se emenda. Os fatos se encarregam de chicotear a vaidade dos negadores contumazes.

Sabiamente proclamava o Irmão Zarur:

> — ***Não há morte em nenhum ponto do Universo.***

Até o cadáver tem vida, milhões de microrganismos surgem ali.

Um dos grandes recados da Vitória Máxima de Jesus — em especial no contexto das provações às quais seria submetido o povo de Esmirna — é que **nem mesmo**

o fenômeno da morte encerra o testemunho de um seguidor do Caminho, pois a Vida prossegue adiante das restritivas contingências materiais.

Portanto, não há nada a temer, uma vez que tentaram impor ao Cristo o que consideravam a maior das punições, todavia não O derrotaram. Pelo contrário, foi o que alavancou todos aqueles que O amavam e deram suas existências por Ele — Jesus Vivo, conforme sempre exaltava o Irmão Zarur:

> — ***Se Jesus não tivesse ressuscitado, não haveria Cristianismo.***

Por isso, o Presidente-Fundador da Legião da Boa Vontade e Proclamador da Religião do Amor Universal repetia ainda à saciedade, como um conforto aos fiéis Cristãos do Novo Mandamento, Amigos de Jesus:

> — *A LBV* [a Religião Divina] *é um compromisso que não cessa nem com a morte!*

O Poder da Ressurreição que o Pai entregou a Jesus

Os primeiros cristãos foram submetidos a terríveis martírios físicos, no entanto, hoje, graças a Deus, os tempos são outros e devemos viver plenamente as lições fraternas que Jesus nos legou, sabendo que

o Salvador não permite nada que represente nossa ruína. Foi Ele mesmo Quem assegurou:

> 21 ***Pois assim como o Pai ressuscita e vivifica os mortos, assim também o Filho vivifica aqueles a quem quer.***
> 22 *E o Pai a ninguém julga, mas ao Filho confiou todo julgamento,*
> 23 *a fim de que todos honrem o Filho do modo por que honram o Pai. Quem não honra o Filho não honra o Pai que O enviou.*
> 24 ***Em verdade, em verdade vos digo: quem ouve a minha palavra e crê Naquele que me enviou tem a Vida Eterna, não entra em juízo, mas passou da morte para a vida.***
> 25 *Em verdade, em verdade vos digo que vem a hora e já chegou, em que* ***os mortos ouvirão a voz do Filho de Deus; e os que a ouvirem viverão****.*
> 26 *Porque assim como o Pai tem vida em si mesmo, também* ***concedeu ao Filho ter vida em si mesmo****.*
> 27 *E Lhe deu autoridade para julgar, porque é o Filho de Deus.*
> 28 *Não vos maravilheis disto, porque vem a hora em que todos os que se acham nos túmulos ouvirão a Sua voz e sairão:*

[29] *os que tiverem feito o Bem, para a ressurreição da vida; e os que tiverem praticado o mal, para a ressurreição do juízo.*

(Evangelho, segundo João, 5:21 a 29)

A nossa verdadeira existência manifesta-se pela completa integração Naquele que tem o Poder Espiritual de ressuscitar em Si mesmo, que *"esteve morto e tornou a viver"* (Apocalipse, 2:8). **E a todos os que Nele creem e vivem Sua Palavra Ele oferta a perenidade da Vida.**

E isso tem tudo a ver com o versículo 11 do capítulo 2 do Apocalipse de Jesus, na conclusão desta Carta Dele à Igreja em Esmirna — que trata da segunda morte —, conforme veremos mais adiante. Já imaginaram o que pode ser? Meditem sobre isso e anotem suas reflexões, pois não pretendo estudar sozinho. Conto com a ajuda de vocês!

ADENDO

A Grande Mensagem da Páscoa

Em 15 de abril de 2001 (domingo), escrevi uma circular dirigida aos Cristãos do Novo Mandamento, Amigos de Jesus, acerca do principal recado da Páscoa, que é a Ressurreição. Na Religião de Deus, do Cristo e do Espírito Santo, denominamos essa festividade espiritual como a **Semana Santa —**

Jesus Vive!, pois o Divino Crucificado não morreu. Publiquei um trecho dela no subtítulo "Jesus e Sua Vitória Triunfal sobre a morte", de minha obra *Os mortos não morrem* (2018), e faz-se oportuno transcrevê-la na íntegra, pois sintetiza muitos dos pontos que tratamos até aqui:

Legionários de Deus,

Deus Está Presente!
Jesus Está Chegando!

1) Estamos celebrando a Páscoa, a Ressurreição de Jesus.

2) Quando o Divino Mestre derrotou a morte, ou seja, a única fatalidade neste mundo, porque tudo o mais pode ser materialmente superado, **os Seus Apóstolos e Discípulos foram revestidos de um poder e de uma coragem que os levou a difundir os ensinamentos do Sublime Ressuscitado por toda a parte.** Não me refiro apenas àquela geração contemporânea do Excelso Pegureiro, mas também às que se sucederam. **A Ressurreição do Cristo é um divisor de águas na História do planeta.** Se estamos aqui hoje, uma vez mais, defendendo o que Ele pregou, foi graças ao esforço de multidões espalhadas por todas as áreas do saber espiri-

tual-humano, pertencentes às muitas correntes do pensamento. Esses luminares, pelos milênios, não deixaram no esquecimento as memoráveis lições de humanidade e de Espiritualidade Ecumênica vivenciadas por Ele, testemunhando-as das mais distintas formas, conscientes disso ou não.

3) Legionários de Deus, temos nas mãos o mais poderoso instrumento, capaz de vencer a mais tormentosa das batalhas: é o Evangelho de Jesus, pregado e exemplificado em Espírito e Verdade, à luz do Novo Mandamento do Cristo, *"Amai-vos como Eu vos amei. Somente assim podereis ser reconhecidos como meus discípulos"* (João, 13:34 e 35).

4) E na Boa Nova garimpei este conforto ao mesmo tempo advertência a todos nós. Disse Jesus:

> — *Todo aquele que me testemunhar diante dos homens, também Eu o testemunharei diante do meu Pai, que está nos Céus; mas aquele que me negar diante dos homens, também Eu o negarei diante de meu Pai, que está nos Céus* (Evangelho, segundo Mateus, 10:32 e 33).

5) Ora, pessoalmente, desde menino, na LBV, não tenho feito outra coisa na minha vida, senão procurar testemunhar Jesus no meu trabalho. Não me arrependo disso. **Eu creio em Jesus, mesmo! Eu**

creio, eu creio, eu creio... E essa crença me sustenta a Alma e mantém de cabeça erguida todo aquele que deposita no Cristo a sua Fé, sem deixar de, com o mesmo ardor, vigiar, isto é, trabalhar em favor do seu semelhante. **Servir ao Criador, por intermédio de Suas criaturas, é a vocação mais luminosa que um Espírito pode ansiar nesta vida.**

6) Recorramos ainda à Bíblia Sagrada e vejamos como se comportavam os seguidores de Jesus, ao serem maltratados pelos que tentavam lhes impedir de falar e servir em nome do seu Mestre. Nos Atos dos Apóstolos, narrados pelo Evangelista Lucas, na parte que descreve a prisão dos Discípulos do Cristo e do parecer favorável do sábio Gamaliel, capítulo 5, versículos de 40 a 42, observamos este ilustrativo exemplo:

> *— Chamando os Apóstolos, açoitaram-nos e, ordenando-lhes que não falassem em nome de Jesus, os soltaram. E eles se retiraram do conselho* ***regozijando-se por terem sido considerados dignos de sofrer afrontas por esse Nome****. E todos os dias, no templo e de casa em casa,* ***não cessavam de ensinar e de pregar Jesus, o Cristo****.*

7) Na atualidade, não temos somente os templos, as casas, as ruas para testificar o Filho de Deus. Contamos com o rádio, a televisão, os jornais, as

revistas, a internet... Ó Jovens Legionários da Boa Vontade, utilizem-se, com sabedoria, dos meios que Deus nos colocou nas mãos, à custa de tanto sacrifício.

8) **Ó Legionários, levem aos quatro cantos do planeta a pregação ecumênica da Religião de Deus, do Cristo e do Espírito Santo. Tragam sempre os recursos necessários para a sustentação de nossa Obra, que só sabe fazer o Bem.** O grande desafio das Instituições da Boa Vontade tem sido o de querer socorrer os excluídos do mundo além da sua própria capacidade. Elas, porém, são de Deus e o Pai Celestial não deixará faltar-lhes os frutos da Árvore da Vida Eterna, conforme promessa feita na Carta de Jesus à Igreja em Éfeso, no Apocalipse, 2:7; mas de acordo com o nosso empenho.

9) Avante, destemidos jovens de todas as idades, batalhadoras Mulheres Legionárias, sábios anciãos! A recompensa pelo esforço despendido não será pequena. Está no Livro das Profecias Finais, na **Carta de Jesus à Igreja em Filadélfia**, 3:12:

> — *Ao vencedor, Eu o farei coluna do Templo do meu Deus, e dali não sairá jamais; gravarei também sobre ele o nome do meu Deus, o nome da cidade do meu Deus, a Nova Jerusalém que desce do*

Céu, vinda da parte do meu Deus, e o meu Novo Nome.

10) Nenhuma glória do mundo se compara a uma gratificação pelo dever cumprido como essa.

11) Uma coisa mais que gostaria de lhes dizer: **jamais se esqueçam de solicitar a ajuda aos seus Anjos Guardiães.** Eles existem e não querem, como afirma, entre outros[43], o Irmão Flexa Dourada (Espírito), ser apenas acompanhantes, mas almejam ser participantes conosco nesta luta, *"por um Brasil melhor e por uma humanidade mais feliz"*.

Flexa Dourada

12) Aproveito para compartilhar com vocês uma carta que escrevi no dia 11 do corrente mês (estávamos em abril de 2001) e enviei ao Grupo Mediunidade Direta da Religião do Amor Universal, já que todos, sem exceção, podemos ser médiuns a serviço dos propósitos enobrecedores desta Obra Divina:

[43] A respeito dessa nobre disposição dos Irmãos Espirituais de estarem sempre prontos a nos ajudar, nos recordamos do seguinte recado do Irmão Dr. Osmar Carvalho e Silva: *"Não queremos ser apenas acompanhantes, mas também participantes ativos dos trabalhos da LBV. Chamem-nos, mesmo, pelo pensamento, quando precisarem. Estamos sempre a postos. (...) Mantenham a sintonia com a LBV do Mundo Espiritual"*. E mais este pedido feito pela Irmã Yvonne do Amaral Pereira (1900-1984): *"Convoquem-nos! Não queremos ser apenas acompanhantes, mas participantes dos acontecimentos"*.

13) Lição da noite de hoje para os que servem a Jesus, nas Instituições da Boa Vontade de Deus. Portanto, àqueles que devem **vigiar e ORAR a todo instante**, ou seja, **manter seus cérebros e corações ligados às Almas Benditas que formam a Gloriosa Falange da Boa Vontade**, principalmente os que compõem o Grupo Mediunidade Direta:

14) Do livro *Voltamos! — A Revolução Mundial dos Espíritos de Luz* (1996), cuja segunda edição estou preparando, destaco esta palavra do Dr. Roberto de Canalejas ao enfermo Camilo Cândido Botelho, num hospital no Mundo da Verdade[44]:

> *— (...) com mais presteza convenceremos um endurecido no mal à volta a uma reencarnação expiatória do que conseguiremos vencer o cerrado espinheiro que representa a mente de um médium a fim de conseguirmos transmitir centelhas das claridades que aqui nos deslumbram!*

15) Prestaram atenção a esse lamentável cenário? **Para os Espíritos de Deus é mais fácil contatar os umbrais que as criaturas da Terra.** A maioria dos médiuns é indisciplinada, por isso são utilizados,

[44] **Mundo da Verdade** — Ou seja, o Mundo Espiritual, o Plano Invisível.

pelas Forças da Luz, os **verdadeiramente** Simples de Coração.

16) Ora, meus Irmãos e minhas Irmãs, meus jovens e meus queridos vovôs:

a. **Sejamos Simples de Coração** para merecermos a graça de Deus e sermos **leais instrumentos** da Revolução Mundial dos Espíritos de Luz, na Quarta Revelação.

b. Porquanto, ainda no livro, diz o grande Mentor Espiritual:

> — *(...) Daí o preferirmos as almas simples, os humildes e os pequeninos, os quais, por sua vez, por não disporem senão de bem pequenos cabedais intelectuais, exigem de nossa parte perseverança, dedicação e trabalhos exaustivos para algo revelarmos aos homens através de suas faculdades!*

17) Diante disso, peçamos perdão ao nobilíssimo Dr. Bezerra de Menezes (Espírito) e à sua dedicada Equipe pelo trabalho inaudito que lhes acarretamos, prometendo-lhes corrigirmo-nos e que, a começar da prece diária, saberemos como nos dirigir e nos aliar a eles, de modo que seja feita a Divina Vontade de Jesus, na Revolução Mundial dos Espíritos de Deus.

18) Não é de hoje que o saudoso Dr. Osmar Carvalho e Silva, desde 1975 na Pátria Espiritual, nos alerta:

— *O nosso trabalho depende da dedicação de vocês, mas o sucesso de vocês depende do nosso apoio.*

19) Vejam só que dica nos deu o velho Osmar! Essa ajuda que eles nos estão ofertando nada mais é do que o Exército de Eliseu[45], invisível para os adversários, mas uma realidade para o famoso discípulo de Elias e seus servos.

20) Mas a Grande Mensagem desta Semana Santa é que **Jesus ressuscitou, e nós, com Ele. Graças a Deus!**

21) Que a Paz de Deus esteja agora e sempre com todos!

Viva Jesus em nossos corações para sempre!

Aquele que os ama,

José de Paiva Netto
Presidente-Pregador da Religião de Deus,
do Cristo e do Espírito Santo

---

[45] *Vide* o subtítulo "O Exército Invisível do Profeta Eliseu", na prece, ao final do primeiro volume desta coleção, que analisou a Carta de Jesus à Igreja em Éfeso.

TRIBULAÇÃO E VITÓRIA

Academia Jesus, o Cristo Ecumênico, o Divino Estadista — *No prosseguimento da análise que o autor de* Somos todos Profetas *(1991) está fazendo da Carta de Jesus à Igreja em Esmirna, veremos que ela é a menor mensagem em termos de quantidade de versos, mas enorme pela consideração com que o Divino Pastor se dirigiu a essa assembleia, logo a todos nós. Não por acaso, como já vimos nos capítulos anteriores, o entendimento dessa missiva apocalíptica nos abre a mente e o coração para o poder extraordinário da Ressurreição de Jesus.*

E o Irmão Paiva Netto segue esclarecendo:

9 Conheço a tua tribulação, a tua pobreza, mas tu és rico; e que és caluniado por aqueles que se dizem apóstolos, e não são, sendo antes templo de satanás.
(Apocalipse, 2:9)

O Fidelíssimo Médium de Deus não poupou esforços em capacitar Seus devotados seguidores para vencer o que viria pela frente. E, quando dizemos que o Cristo é o Médium de Deus, estamos respaldados nos versículos iniciais do Último Livro da Bíblia Sagrada:

> 1 ***Revelação de Jesus, o Cristo, que Deus Lhe deu*** *para mostrar aos Seus servos as coisas que em breve devem acontecer e que Ele, enviando-as por intermédio do Seu Anjo, notificou ao Seu servo João,*
> 2 *o qual atestou a Palavra de Deus e o Testemunho de Jesus Cristo, quanto a tudo o que viu.*
> 3 *Bem-aventurados aqueles que leem e aqueles que ouvem as palavras da profecia deste Livro e guardam as coisas nele escritas, pois o Tempo está próximo.*
>
> (Apocalipse, 1:1 a 3)

Está bem evidente que Jesus recebeu de Deus a Revelação, porquanto é Seu Perfeito Intermediário, Medianeiro que a transmitiu a João Evangelista-Profeta com a ajuda de um Anjo, que representa a Equipe Espiritual que assessora o Supremo Governante do planeta. Portanto, **é o Cristo com Seu Sublime Mandato e toda a Sua Corte de Seres Angelicais olhando no fundo da nossa Alma e nos confortando**:

— ***Conheço a tua tribulação.***

Que coisa maravilhosa! Jesus compreende o nosso sofrimento! Às vezes, nos expressamos assim na vida:

> — *Meu Deus, que coisa terrível que está acontecendo comigo! E eu não posso desabafar com ninguém, não há uma pessoa sequer que saiba da minha dor...*

E vem o Divino Amigo e nos assegura que Ele a tudo vê, enxerga nossas dores mais íntimas, que não podemos compartilhar com quem quer que seja. O Mestre Amado tem conhecimento de todas as coisas:

> — *Não se perderá um só fio de cabelo da vossa cabeça* [sem que Ele o saiba] (Evangelho, segundo Lucas, 21:18).

O que mais desejamos quando estamos diante da aflição mais dilacerante, da tempestade mais implacável? Que sejamos acolhidos com Amor Fraterno, tal qual o filho ou a filha que chora pelo socorro de seus afetuosos pais ou responsáveis e sabe que terá guarida, recebendo forças para continuar a lutar. Sempre me recordo, e se vocês observarem naqueles documentários sobre as guerras, dos soldados quando estão à beira da morte, nas frentes de batalha — às vezes falta-lhes uma perna, ou um braço, ou um olho —, por quem eles chamam? Pela mãe! Por isso, não podemos desprezar essa potência de carinho que nos faz tão bem.

Mas lembrem-se: **o Zeloso Pegureiro está conosco**, jamais nos deixa sozinhos e designou pelo menos um Anjo da Guarda para nos proteger durante toda a nossa jornada na Terra.

Deus enxuga toda lágrima

O saudoso Irmão Zarur dizia, em sua famosa prece *Vamos Falar com Deus*:

> — *Nenhum sofrimento é vão, nenhuma lágrima se perde. A vida humana é apenas uma preparação para a verdadeira Vida. Não há um pranto sequer que Deus não veja. E quem não chora a sua lágrima secreta? O Pai Celestial guarda-as para toda a Eternidade.*

E eu completei desta forma: as lágrimas dos pobres e as dos ricos. Há problemas que você não pode revelar nem à pessoa mais amiga, nem mesmo ao pai, à mãe, à irmã, ao irmão, à esposa, ao esposo, porque assim vai transferi-los para outros ombros, que talvez não estejam tão fortes para ajudar a carregá-los. Entretanto, para Deus, para o Cristo e para o Espírito Santo podemos contar as nossas mais recônditas aflições. E o Pai Celestial não apenas acolhe nossos prantos, como prometeu saná-los ao atravessarmos corajosamente as tribulações da existência:

— *E Deus lhes enxugará dos olhos toda lágrima* (Apocalipse, 7:17).

À guisa de oração

Ó Deus, sois Caridade, sois Amor, sois a Esperança dos deserdados; a certeza de épocas melhores para os aflitos; o conforto e a justiça para os desamparados; a alegria para os tristes; o Divino Alimento para os famintos; a cura para os enfermos; o futuro para os jovens; o afeto para as crianças; e o carinho para os idosos. Amém!

Nenhum sofrimento é vão, nenhuma lágrima se perde. A vida humana é apenas uma preparação para a verdadeira Vida. Não há um pranto sequer que Deus não veja. E quem não chora a sua lágrima secreta? O Pai Celestial guarda-as para toda a Eternidade.

Alziro Zarur (1914-1979)

O INIGUALÁVEL LENITIVO CELESTE

***Academia Jesus, o Cristo Ecumênico, o Divino Estadista** — Estando na cidade do Rio de Janeiro/RJ, em 6 de março de 1993, quando realizou o 12º Congresso do Amor Universal, deixando como sempre o coração falar, Paiva Netto assim se expressou:*

Às vezes, você sofre a incompreensão das criaturas mais queridas à sua Alma, e não pode desabafar, porque é pior, vai envolver um monte de gente, pessoas que confiaram em sua discrição. Há conjunturas que são semelhantes a teias de aranha, nas quais se sente abandonado, abandonada, como se o mundo inteiro estivesse contra você. Não se conforme com essa ideia! Há uma escapatória, você pode falar com Deus, com o Cristo, com o Santo de sua devoção, com a entidade sagrada de sua crença, seja Buda, o Profeta Muhammad, Lao-tsé, Confúcio, Zoroastro, Krishna, Moisés, os

Orixás, os Antepassados, ou, se você não acredita em nada, converse consigo mesmo, com o Universo. Você está com um problema?! Ninguém conhece a situação melhor do que a própria pessoa. O que não pode ocorrer é trancar-se em si mesmo, ou em si mesma, porque daí explode. **Todo ser humano é um gerador de força.** Ligue-o e veja o que acontece se não direcionar aquela energia para mover fábricas, iluminar casas, dar suporte aos hospitais... Ele simplesmente vai estourar, torrar seus componentes, queimar tudo.

Caridade — ato de diplomacia

Está cheio de conflitos, dores, adversidades? Então, faça Caridade, socorra os outros... Dessa forma, estará de igual modo atenuando e resolvendo os seus desafios. Os mais antigos diziam: *"Cérebro desocupado é oficina do diabo"*. Ademais, **Caridade é também um ato de diplomacia**!

***Academia Jesus, o Cristo Ecumênico, o Divino Estadista** — Em* A Esperança não morre nunca *(2020), Paiva Netto trouxe um pouco mais desse assunto, visto que, em sua longa vida dedicada às causas espirituais e sociais da Religião do Terceiro Milênio e da Legião da Boa Vontade, há uma marcante experiência no trato com a dor.*

Escreveu o Presidente das Instituições da Boa Vontade:

Tenho sido testemunha de exemplos inigualáveis vindos de pessoas que, em decorrência de lastimoso estado de saúde, poderiam considerar-se desobrigadas de socorrer, com uma palavra que fosse, outras criaturas também necessitadas de atenção. E muitas — surpreendentemente amparadas por quem de nada mais se espera (no dizer humano), por padecer males tormentosos — se viram na condição de reagir ao próprio infortúnio, tantas vezes descobrindo, após o auxílio inesperado, razões para enfrentar seus dramas com decisão, que pensaram ter há muito perdido. Costumo fraternalmente recomendar: **quem quiser diminuir sua dor ajude os que sofrem**.

O Sábio dos Milênios jamais nos decepciona

***Academia Jesus, o Cristo Ecumênico, o Divino Estadista** — Com base no versículo 9 do capítulo 2 do Apocalipse, Paiva Netto prossegue:*

Em Jesus podemos verdadeiramente depositar as nossas lágrimas, pois **Ele as guarda em Seu Relicário Sagrado**. Por isso, temos estes mantras na Religião de Deus, do Cristo e do Espírito Santo, que repito nos meus momentos de suplício: **Quem confia em Jesus não perde o seu tempo, porque Ele é o Grande Amigo que não abandona amigo no meio do caminho.** E: **Nunca se soube que Jesus jamais deixasse de responder ao apelo de uma Alma sentida.** Assim que a desolação chegar, recorde-se do que o Divino Benfeitor assegurou:

> 28 ***Vinde a mim, todos vós que estais cansados e oprimidos, e Eu vos darei lenitivo.***
> 29 *Tomai sobre vós o meu jugo e aprendei de mim, porque sou pacífico e humilde de coração; e* ***achareis descanso para a vossa Alma.***
> 30 ***Porque o meu jugo é suave, e o meu fardo é leve.***
>
> (Evangelho, segundo Mateus, 11:28 a 30)

Tenho-lhes dito há tanto tempo e registrei em *Como Vencer o Sofrimento* (1990) que viver revoltado contra as provações não é o melhor remédio. O mais acertado **é praticar os necessários ensinamentos que elas nos propiciam**. Essa é uma excelente maneira de sobrepujá-las. No Jubileu de Prata do Templo da Boa Vontade (TBV), que celebramos em 8 de novembro de 2014, com a Praça da Paz superlotada em frente ao monumento mais visitado de Brasília/DF, aclamado pelo povo uma das Sete Maravilhas da capital federal, afirmei que muita gente só vê a dor como desgraça. Mas vencê-la depende de você. É duro. Eu sei falar sobre sofrimento, porque já "comi o pão que o diabo amassou". Não pensem que as Instituições da Boa Vontade crescem sem sacrifício. Mas **temos Boa Vontade, que é a vontade firme, que jamais desiste**. Jesus não nos recomendou perseverar até o fim?

> — *Na vossa perseverança, salvareis as vossas Almas* (Evangelho, segundo Lucas, 21:19).

Isso quer dizer: vos realizareis, vos firmareis por caminhos mais fortes, tereis decisões mais acertadas. Porque **a perseverança no Bem é a obstinada procura pelo que é correto**, por um direcionamento melhor das coisas. A pessoa que considera a dor que enfrenta como sua destruição está sob o risco de se desfazer. Ratifico a todos: **de nada nos vale passar pelo sofrimento, se não tirarmos dele as valiosíssimas lições que nos oferece**. Por isso, escrevi um artigo que os jovens de todas as idades devem estudar sempre: **"Derrota só derrota derrotado"**[46]. E queremos ser vitoriosos com Jesus!

---

46 **"Derrota só derrota derrotado"** —*Vide* o terceiro volume das *Sagradas Diretrizes Espirituais da Religião de Deus, do Cristo e do Espírito Santo* (1991), no qual Paiva Netto publica a íntegra desse artigo, proveniente de uma circular dele, escrita em 20 de junho de 1989, na capital paulista.

O Sublime Amparo Daquele que tanto nos ama

O Divino Mestre não deseja nossa ruína, nem nos deixa desamparados, tampouco se esquece de nós nas horas da tormenta. Ninguém encara seus dramas sozinha ou sozinho neste mundo. Vendo a adversidade que a Igreja em Esmirna haveria de enfrentar, **Jesus fortalece o coração de Seus seguidores com o próprio exemplo**: o Seu incontestável triunfo sobre o grande temor dos seres humanos, *"o último inimigo a ser vencido — a morte"*[47]. E Seu Sublime Amparo, Ele o ofertou durante toda a Sua Primeira Vinda Visível ao planeta.

Em Jesus podemos verdadeiramente depositar as nossas lágrimas, pois Ele as guarda em Seu Relicário Sagrado. Por isso, temos estes mantras na Religião de Deus, do Cristo e do Espírito Santo, que repito nos meus momentos de suplício: Quem confia em Jesus não perde o seu tempo, porque Ele é o Grande Amigo que não abandona amigo no meio do caminho. E: Nunca se soube que Jesus jamais deixasse de responder ao apelo de uma Alma sentida.

[47] Primeira Epístola de Paulo aos Coríntios, 15:26.

A DOR ESPIRITUAL DE JESUS

Ninguém melhor para conhecer bem a nossa tribulação do que Aquele que estava prestes a experimentar a maior provação jamais vista na face da Terra, sem nunca ter provocado a Si mesmo tamanha desonra, sendo tão somente imposição da ignorância humana. Era um dos momentos em que Ele mais precisava de apoio, e o que fez? Confortou primeiro os Seus Discípulos, assim como está fazendo com os Seus seguidores de Esmirna. Depois foi buscar a Força Maior no Pai Celestial, a ponto de **suar sangue por Amor a todos nós**, diante do sofrimento que teria pela frente:

Jesus no Getsêmani

(Evangelho, segundo Lucas, 22:42 a 44)

42 Pai, se queres, afasta de mim este cálice; contudo, não se faça a minha vontade, e sim a Tua Vontade.
43 Então, Lhe apareceu um Anjo do Céu que O confortava.

> [44] *E,* ***estando em agonia, orava mais intensamente****. E aconteceu que o Seu suor se tornou como* ***gotas de sangue*** *caindo sobre a terra.*

Não achem vocês que tenha sido fácil Sua trajetória terrestre pelo fato de ser Jesus o Filho de Deus. A angústia foi tanta que Ele chegou a recitar este verso encontrado no livro dos Salmos, 22:1, que abre o que se intitula como "O **cântico** de sofrimento e vitória do Messias":

> — Eli, Eli, lamá sabactâni? *O que quer dizer: Deus meu, Deus meu, por que me desamparaste?*[48] (Boa Nova, consoante Mateus, 27:46).

---

[48] ***"Deus meu, Deus meu, por que me desamparaste?"*** — Sobre esse verso, originalmente registrado no livro dos Salmos, 22:1, o saudoso teólogo, escritor e historiador judeu Pinchas Lapide (1922-1997) levanta um aspecto textual que merece reflexão: *"O grande Salmo de lamentação da liturgia judaica (Salmo 22), que Jesus recitou no momento de sua morte na cruz, começa com as palavras* 'Eli, Eli, lamá sabactâni', *que foram traduzidas incorretamente, a partir de uma má tradução grega, na expressão: 'Meu Deus, meu Deus, por que me abandonaste?' Na verdade, o texto hebreu diz: 'Meu Deus, meu Deus, para que me abandonaste?' A diferença é de anos-luz. 'Por que me abandonaste' supõe uma dúvida em relação a Deus, questiona Deus, olha para o passado, para a motivação, enquanto a pergunta formulada no texto hebreu há três mil anos, que seguramente Jesus conhecia, olha para o futuro, não questiona a Deus, mas, dando por certo o sentido desses sofrimentos, gostaria de saber qual é e para que os envia a ele".*

Para o Divino Mestre proferir tais palavras é porque **Seu suplício era extremo.** É claro que **Ele jamais duvidou da Proteção de Deus**, já dera provas da **Sua total Fidelidade e Fé no Criador, cumpriu dignamente a Vontade do Pai**, colocando-a acima da Sua própria, tamanha a confiança Nele.

Lembremos também de que os Salmos são uma coletânea de poemas e **cânticos**, portanto era costume cantá-los, como explicou Zarur durante a Cruzada da Religião de Deus, do Cristo e do Espírito Santo realizada em Americana/SP, no dia 2 de junho de 1974:

> — *E no livro dos Salmos vamos encontrar Profecias que se cumpriram no sacrifício inenarrável de Jesus. Vamos começar pelo Salmo 22. (...) Era moda naquele tempo e ainda hoje é, na hora da dor, cantar para espantar os males. Jesus estava sofrendo muito, então cantou o Salmo 22. (...) Jesus não está aqui se queixando de Deus, porque, muito antes de Jesus vir* [com aparência humana] *ao mundo, o livro dos Salmos já estava escrito. Então, Jesus se limitou a cantar um dos Salmos, que é de Davi.*

E Seu coração estava sangrando de dor por saber que Ele só amou a humanidade e, ainda assim, padecia cruelmente a infâmia da cruz.

Além do mais, no referido livro dos Salmos, capítulo 22, agora versículo 11, lemos:

— Não te distancies de mim, porque a tribulação está próxima, e não há quem me acuda.

Ou seja, **Deus está sempre conosco na hora da tormenta. E Jesus é, de fato, o Seu Filho Amado**, como todos somos, mas Ele está numa condição superior. Por quê? Justamente pela integração una entre ambos e por ter sofrido muito pela humanidade que o Pai Celestial entregou aos Seus cuidados. E **a dor do Cristo não se mostrou apenas naquele momento tão triste da crucificação, mas durante toda a Sua vida pública**. Sabe lá o que é estar, com muita paciência, convivendo com ignorantes espirituais?! Astronomicamente distantes da Mensagem de Redenção que Ele trazia à Terra?! Você fala "a", entendem "y". Emmanuel (Espírito) nos conta a respeito disso, dessa dor ímpar, porque era principalmente espiritual o padecimento que o Divino Crucificado passou.

Emmanuel

Devolver ao Cristo o que é do Cristo

Temos uma enorme dívida com Jesus. O Irmão Zarur ressaltava que *"precisamos devolver ao Cristo o que é do Cristo"*.

Outro ponto marcante, e fui sempre um apaixonado por este pensamento do Proclamador da Religião Divina:

— *Religião, Ciência, Filosofia e Política são quatro aspectos da mesma Verdade, que é Deus.*

Devolver ao Cristo o que é do Cristo, por exemplo, é tornar isso uma realidade palatável para todas as criaturas que querem aprender mais, que não têm um cadeado na cabeça, que não possuem um ferrolho na Alma. Há sempre pessoas dispostas a escutar. Qual é o trabalho do pregador, do pastor, do esclarecedor? É o de semear. Estamos aqui esforçadamente realizando isso. A colheita?! Só Deus, Pai, Jesus, Filho, e o Espírito Santo!

— *Pois do Senhor é o Reino, é Ele Quem governa as nações.*

(Livro dos Salmos, 22:28)

O exemplo do Divino Vencedor

Sempre que posso, falo a respeito da dor, pois este mundo nutre um temor enorme sobre esse assunto. Basta ver que se apavora com o Apocalipse, que eu já disse (meu Jesus, há quanto tempo!) ser uma Carta de Amor de Deus para nós!

O que faz um bom pai, que tem mais experiência em muitos setores do que o filho? A criança vai crescendo e ele vai conversando. Em certa idade, o genitor, além de dialogar, pode registrar seus conselhos em uma carta alertando o jovem sobre isso e aquilo que ele passou e não deseja que o filho também tenha que trilhar, porque determinados caminhos são extremamente dolorosos. Assim Deus é com o Apocalipse que, por intermédio do Cristo e do Espírito Santo, legou a todos nós pela competente pena de João Evangelista.

E agora, por Amor ao Seu Filho Jesus, **temos que nos capacitar espiritualmente para as coisas que hão de ocorrer no planeta** — pois os Tempos chegaram! —, uma vez que o **exemplo do Cristo é o do triunfo e Ele nos convida a compartilhar do Seu êxito, hoje e sempre**.

Por isso, recordemos a comovente passagem, que encontramos no Santo Evangelho, quando Ele prepara Seus seguidores para a Sua crucificação e Ressurreição. Busquemos nos transportar para aquele instante, tomados pela Aura Divina que se estabeleceu naquela reunião em Jerusalém, que poderia passar despercebida aos olhos de muitos, mas aos nossos, não. A mesma força daquele momento sagrado serve para todos os nossos instantes de pungente angústia.

Jesus conforta os Discípulos

(Evangelho, consoante João, 14:1 a 23)

1 ***Não se turbe o vosso coração; credes em Deus, crede também em mim.***

2 *Na Casa de meu Pai há muitas moradas. Se assim não fosse, Eu vos teria dito. Vou preparar-vos lugar.*

3 E, quando Eu for e vos preparar lugar, voltarei
e vos receberei para mim mesmo, para que, onde Eu
estiver, estejais vós também.
4 E vós sabeis o caminho para onde Eu vou.
5 Disse-Lhe Tomé: Senhor, não sabemos para onde
vais; como podemos saber o caminho?
6 Ao que lhe respondeu Jesus: ***Eu sou o Caminho,***
a Verdade e a Vida; ninguém vem ao Pai senão
por mim*.*
7 Se vós me tivésseis conhecido, conheceríeis também
a meu Pai. E desde agora O conheceis e O tendes visto.
8 Ao que Lhe replicou Filipe: Senhor, mostra-nos o
Pai, e isso nos basta.
9 Disse-lhe Jesus: Filipe, há tanto tempo estou con-
vosco, e não me tens conhecido? Quem me vê a mim
vê o Pai; como dizes tu: Mostra-nos o Pai?
10 Não crês que Eu estou no Pai e que o Pai está em
mim? As palavras que Eu vos digo não as digo por
mim mesmo; mas o Pai, que permanece em mim, faz
as Suas obras.
11 Crede-me que estou no Pai, e o Pai, em mim.
Crede ao menos por causa das mesmas obras.
12 Em verdade, em verdade vos digo que aquele que
crê em mim fará também as obras que Eu faço e outras
maiores ainda, porque Eu vou para junto do Pai.
13 E tudo quanto pedirdes em meu nome, isso farei,
a fim de que o Pai seja glorificado no Filho.

14 *Se me pedirdes alguma coisa em meu nome, Eu o farei.*

Jesus promete o Paráclito

15 *E se verdadeiramente me amais, guardareis os meus mandamentos.*
16 *E Eu rogarei ao Pai, e Ele vos dará outro Paráclito, a fim de que esteja para sempre convosco,*
17 *o Espírito da Verdade, que o mundo não pode receber, porque não o vê, nem o conhece; vós o conheceis, porque ele habita convosco e estará em vós.*
18 ***Não vos deixarei órfãos, Eu voltarei a vós.***
19 *Ainda por um pouco, e o mundo não me verá mais; vós, porém, me vereis;* ***porque Eu vivo, e vós também vivereis****.*
20 *Naquele dia, conhecereis que Eu estou em meu Pai, e vós, em mim, e Eu, em vós.*
21 *Aquele que guarda os meus mandamentos e os preserva, esse é o que me ama; e aquele que me ama será amado por meu Pai, e Eu também o amarei e me manifestarei a ele.*
22 *Disse-lhe Judas, não o Iscariotes: Donde procede, Senhor, que estás para manifestar-Te a nós e não ainda ao mundo?*
23 *Respondeu-lhe Jesus:* ***Se alguém me ama, guardará a minha palavra; e meu Pai o amará, e viremos para ele e faremos nele morada****.*

A questão que se impõe agora não é mais buscarmos entender se Jesus sabe quem somos, pois isso já é fato consumado, com fartas provas. Ele revelou ainda o sinete pelo qual nos identifica:

> — *Amai-vos como Eu vos amei.* ***Somente assim podereis ser reconhecidos como meus discípulos*** (Boa Nova, segundo João, 13:34 e 35).

Todavia, é hora de **nós** demonstrarmos conhecer e, mais que isso, reconhecer que Ele é *"o Caminho, a Verdade e a Vida"* e, portanto, por intermédio Dele chegamos ao Pai Celestial. Que sejamos merecedores desta auspiciosa promessa descrita no versículo 23 quanto ao Retorno Majestoso do Cristo imediatamente no coração daqueles que O amam e vivem Sua Palavra Divina!

ADENDO

O Timoneiro Celeste, a menina e o velho marujo

> — ***Conheço a tua tribulação...***
>
> (Apocalipse, 2:9)

Essa maneira peremptória como Jesus proclama nos conhecer me faz recordar de uma ilustrativa página de autoria de Malba Tahan (1895-1974), que fui buscar em meus programas da série radiofônica "Lições de Vida". Li e comentei essa história durante nossas irradiações de Boa Vontade, nos longínquos anos 1980. O seu conteúdo, entretanto, continua atualíssimo, pois concorre para jogar luz ao nosso entendimento dessa assertiva do Sublime Mestre, porquanto veremos a enorme diferença entre conhecer e CONHECER (de fato). Seu título é

A menina e o velho marujo

Certa menina, que residia no interior de um país, desejava conhecer o mar. Levada por sua família ao litoral, dirigiu-se a uma praia e, depois de admirar deslumbrada por muito tempo as vagas que se desmanchavam tranquilas em espumas sobre a areia, voltou ao hotel e, entrando na sala de visitas, disse, alegre, aos que ali estavam:

— Já conheço o mar!

Entre os circunstantes havia um velho capitão de navio que atravessara diversos oceanos, lutando com violentas tempestades, e vira de perto os horrores das procelas marítimas. Logo que a menina afirmou, satisfeitíssima, que conhecia o mar, o velho comandante, contemplando-a, disse:

— Eu também, minha menina, eu também o conheço.

Que diferença havia no sentido real dessas duas afirmativas?

Muitos são aqueles que se acham iludidos, quando julgam conhecer os seus deveres e responsabilidades.

Procuremos, portanto, ouvir, com a máxima atenção, os ensinamentos de nossos mestres e de nossos guias.

É justamente o que buscamos fazer aqui. Afinal, temos nas mãos o maior Compêndio da Sabedoria dos Milênios. Ao nos aprofundarmos nessa Epopeia Divina, estaremos não apenas diante do mar a ser descoberto, mas **seremos ensinados pelo próprio Timoneiro Celeste — que nos conhece as aflições — a enfrentar, vencer e sobreviver às procelas dantescas, que se avizinham de um mundo convulsionado**.

É por tudo isso que jamais devemos abdicar da prece, esse **diálogo íntimo com Deus, com o Cristo e com o Espírito Santo**, de onde procede a ajuda particularíssima de nossos Anjos Guardiães, Mentores Espirituais, Numes Tutelares, Espíritos Guias, como quisermos chamá-los.

Quando você se encontrar desesperado (ou desesperada): *"Meu Deus, não há quem me socorra!"*, apele ao próprio Deus. Por que não?! Experimente. *"Ah, mas eu não tenho Fé nenhuma. A maldade humana secou o meu sentimento."* Não pense assim, meu Irmão, não pense assim, minha Irmã. **Há sempre Esperança, ela não morre nunca, nunca, não morre, não, porque a Esperança é Jesus!** E Ele afiançou:

> — *Eu não vos deixarei órfãos e estarei convosco, todos os dias, até o fim dos tempos* (Evangelho, segundo João, 14:18; e Mateus, 28:20).

Prece para a Fartura Espiritual

Ao final dessa pérola que nos trouxe o professor Júlio César de Mello e Souza, pela voz de seu famoso pseudônimo, Malba Tahan, somos agraciados por uma sentida prece — à qual teci alguns comentários — desse valente lidador da causa dos hansenianos. Por mais de 10 anos, ele editou a revista *Damião*, que combatia o preconceito e apoiava a humanização do tratamento e a reincorporação dos ex-enfermos à vida social.

> *Ó Deus, perdoa a pobreza, a pequenez, a puerilidade dos nossos corações. Não escutes somente as nossas palavras* [Senhor, que às vezes não

sabem dizer nada], *mas sim os nossos gemidos inexprimíveis; não atendas às nossas petições, mas ao clamor das nossas necessidades* [mais íntimas, que geralmente não podemos revelar ao mundo, mas a Ti, sim. Quem pode esconder de Ti qualquer coisa que seja, Senhor?!].

Quantas vezes pedimos aquilo que possuímos e deixamos inaproveitado! [E, com isso, infringimos a Tua Sagrada Lei do Uso, ao não sabermos partilhar o que temos sobejamente entre aqueles que de fato necessitam!] *Quantas vezes sonhamos possuir aquilo que* [para o nosso próprio bem] *nunca poderá ser nosso* [por ser supérfluo!].

Abençoa, Senhor, o Espírito Eterno do nobre autor de *Lendas do Céu e da Terra*. Enche com Teu Amor os nossos corações e os nossos Espíritos. E assim teremos em nós próprios **a maior de todas as riquezas, que és Tu mesmo no coração de Tuas criaturas**. E, para a salvação nossa, com essa integração em Ti, estaremos frente a frente com a **Sabedoria Espiritual da Experiência Vivida pela Eternidade!**

Louvado seja Deus!

Louvado seja Nosso Senhor Jesus Cristo, para sempre seja louvado!

A RIQUEZA ESPIRITUAL DE ESMIRNA

Esmirna é a Igreja do sacrifício, do sofrimento, do abandono de tudo para seguir Jesus, a ponto de os cristãos se considerarem pobres quando, na verdade, eram espiritualmente ricos:

> — *Conheço a tua tribulação,* ***a tua pobreza, mas tu és rico****; e que és caluniado por aqueles que se dizem apóstolos, e não são, sendo antes templo de satanás* (Apocalipse, 2:9).

É o inverso do que ocorre em Laodiceia, que estudaremos juntos em outro volume desta coleção:

> — *pois dizes: Estou rico e abastado e de nada sinto falta; e não sabes que és um infeliz, sim, miserável, pobre, cego e nu* (Apocalipse, 3:17).

Precisamos nos lembrar de que Esmirna era uma cidade próspera, então imaginem a luta dos seguidores do Caminho que nela residiam para vivenciar ***"A Fórmula Urgentíssima de Jesus"***, conforme o Irmão Zarur batizou este versículo bíblico:

> — *Buscai primeiramente o Reino de Deus e Sua Justiça, e todas as coisas materiais vos serão acrescentadas* (Evangelho, segundo Mateus, 6:33).

E era o que eles estavam fazendo com galhardia e sendo meritoriamente reconhecidos por Jesus, em Quem depositavam toda a Fé Realizante, crendo que nada lhes faltaria. Desde o princípio dos tempos, o **Infatigável Taumaturgo tem sustentado a humanidade com Seu Amor Divinal**, para quem tem *"olhos de ver e ouvidos de ouvir"*[49]. Comprovamos isso nos versos que antecedem o que também denominei de **A Fórmula Urgentíssima Econômica do Cristo**:

---

[49] ***"Olhos de ver e ouvidos de ouvir"*** — Encontramos esta citação no Corão Sagrado, 32ª Surata:12: *"(...) Ó Senhor nosso, agora temos olhos de ver e ouvidos de ouvir (...)"*. Também no versículo 8 do capítulo 8 do Evangelho de Jesus, segundo Lucas, podemos ler: *"(...) Quem tem ouvidos de ouvir ouça"* e no Apocalipse, 2:7: *"Quem tem ouvidos de ouvir ouça o que o Espírito diz às Igrejas do Senhor. Ao vencedor darei a comer os frutos da Árvore da Vida Eterna que se encontra no paraíso de meu Deus"*.

A ansiosa solicitude pela vida

*25 Por isso, vos digo: não andeis ansiosos pela vossa
vida, quanto ao que haveis de comer ou beber; nem
pelo vosso corpo, quanto ao que haveis de vestir. Não
é a vida mais do que o alimento, e o corpo, mais do
que as vestes?*
*26 Observai as aves do céu: não semeiam, não co-
lhem, nem ajuntam em celeiros; contudo, vosso Pai
Celeste as sustenta. Porventura, não valeis vós muito
mais do que as aves?*
*27 Qual de vós, por ansioso que esteja, pode acres-
centar um côvado ao curso da sua vida?*
*28 E por que andais ansiosos quanto ao vestuário?
Considerai como crescem os lírios do campo: eles não
trabalham, nem fiam.*
*29 Eu, contudo, vos afirmo que nem Salomão, em
toda a sua glória, se vestiu como qualquer um deles.*
*30 Ora, se Deus veste assim a relva do campo, que
hoje existe e amanhã é lançada no forno, quanto
mais a vós outros, homens de pequena fé?*
*31 Portanto, não vos inquieteis, dizendo: Que co-
meremos? Que beberemos? Ou: Com que nos vesti-
remos?*
*32 Porque os gentios é que procuram todas estas coi-
sas; pois vosso Pai Celeste sabe que necessitais de to-
das elas.*

(Boa Nova, segundo Mateus, 6:25 a 32)

Se em Éfeso o Divino Amigo exorta aquela comunidade a recuperar o que de mais valioso tinham perdido — a Primeira Caridade[50] —, em Esmirna, Ele não a recrimina por algo que tivesse deixado pelo caminho, pois de tudo abdicaram para alcançar a maior riqueza, a espiritual. Exatamente a mesma que o Educador Celeste ensinara a respeito em Seu Sermão da Montanha:

Os tesouros no Céu

19 *Não ajunteis tesouros na Terra, onde a traça e a ferrugem consomem e onde os ladrões escavam e roubam;*

20 *ajuntai **para vós tesouros no Céu**, onde nem a traça nem a ferrugem consomem, e onde os ladrões não escavam nem roubam.*

21 *Porque, **onde está o vosso tesouro, aí estará também o vosso coração**.*

(Evangelho, consoante Mateus, 6:19 a 21)

Aparente paradoxo

Em 1967, ao comentar o Apocalipse de Jesus — considerado por ele o livro mais importante da atualidade —, o Irmão Zarur assim se expressou acerca do versículo nono do capítulo segundo, em que o Cristo

---

50 Leia mais sobre o assunto no primeiro volume desta coleção, dedicado à Carta de Jesus à Igreja em Éfeso.

reconhece a pobreza do povo de Esmirna, não obstante o declare rico:

> *Isto parece à primeira vista um paradoxo estranho. Mas quem são os verdadeiros ricos deste mundo?* ***Os que são ricos de Fé, herdeiros do Reino de Deus.*** *Porque a riqueza deste mundo, pela qual os homens se destroem, tantas vezes trocam a felicidade presente e a Vida Eterna futura, esta riqueza é moeda que não circula no Céu. Ninguém conhece esta moeda lá. Nem cruzeiro velho nem cruzeiro novo; nem centavo antigo nem centavo novo; nem franco; nem dólar; nem libra esterlina; nem peso; nem peseta. Não há nada. Estas moedas não existem lá em Cima. Tudo isso é criação do homem e vai morrer com o homem, graças a Deus.*
>
> *A riqueza deste mundo... E, entretanto, por causa dela há guerras no Oriente Médio, há guerras no Vietnã, há guerras na Coreia, há guerrilhas na América Latina, meu Pai do Céu! Tudo isso é atrás de dinheiro. Dinheiro que dá o poder. Se é atrás do poder, é atrás do dinheiro. E todo mundo a se digladiar, a se estourar, a se rebentar por causa do dinheiro. É a entronização do bezerro de ouro, como nos tempos de Moisés. E a história se repete.*
>
> *Mas, como observa Jesus, há muitos ricos-pobres e muitos pobres-ricos. Coitados dos ricos-pobres e bem-aventurados os pobres que são ricos — ricos de saúde, paz interior, ricos da Eterna Glória de Deus.*

Ninguém é feliz ou infeliz neste mundo só por ser rico ou pobre; civil ou militar; casado ou solteiro... Somos ditosos por sermos libertos pela Verdade Divina, ou infelizes por sofrermos com a ignorância dos Assuntos Espirituais. Isso sim é um infortúnio gigantesco em um planeta no qual definitivamente nada nos pode trazer satisfação plena, a não ser **a nossa integração em Deus e nas Suas Leis de Fé, Esperança e Caridade**. É Jesus Quem afirma:

> — *Conhecereis a Verdade* [de Deus], *e a Verdade* [de Deus] *vos libertará* (Evangelho, segundo João, 8:32).

No fim das contas, não se resume à classe social, pois **vai depender do que você carrega em sua Alma**. Além do mais, com a Lei Universal da Reencarnação[51], hoje, alguém que se encontra em determinado estrato da sociedade, amanhã, poderá estar em outro, cada um com suas lições e provações. O rei Davi, com todo poder e toda glória que possuía, cantava em seu Salmo, 40:17:

> — *Eu sou pobre e necessitado; mas o Senhor cuida de mim. Tu és o meu protetor e o meu libertador; não Te detenhas, ó meu Deus.*

---

[51] **Reencarnação** — Para se aprofundar no estudo da Lei das Vidas Sucessivas, recomendamos a leitura do subtítulo "Justiça, Lei da Reencarnação e párias", em *Os mortos não morrem* (2018), livro de Paiva Netto.

QUANTO À QUESTÃO DO TRIBUTO

A verdadeira liberdade consiste em entender que nenhum bem material realmente nos pertence, nem mesmo define quem somos. Pelo contrário, o apego demasiado a ele pode representar algemas ao nosso progresso espiritual. Esse é o ensinamento que Jesus apresentou quando foi maldosamente interrogado sobre o imposto devido ao Império Romano:

> 17 *Dize-nos, pois, Jesus: que Te parece? É lícito pagar tributo a César ou não?*
> 18 *Jesus, porém, conhecendo-lhes a malícia, respondeu: Por que me experimentais, hipócritas?*
> 19 *Mostrai-me a moeda do tributo. Trouxeram-Lhe um denário.*
> 20 *E Ele lhes perguntou: De quem é esta efígie e inscrição?*

21 Responderam: De César. Então, lhes disse o Mestre: Dai, pois, a César o que é de César e a Deus o que é de Deus.

22 Ouvindo isto, se admiraram e, deixando-O, foram-se.

(Evangelho, segundo Mateus, 22:17 a 22)

De que valerá todo o ouro do mundo na hora da Grande Tribulação e do Armagedom? Foi o que expliquei durante a Cruzada do Novo Mandamento de Jesus — Reunião da Comunhão com Deus, que realizei na Igreja Ecumênica da Religião Divina, em São Paulo/SP, no dia 13 de março de 1993:

Com a Grande Tribulação[52], a humanidade ficará paupérrima, mas os que permanecerem na fidelidade verdadeira ao Cristo — portanto, não falseada, hipócrita, interesseira e oportunista —, apesar de toda a provação e de toda a pobreza, serão de fato ricos. Aqueles que são fiéis a Jesus não temem coisa alguma, pois nada lhes faltará. Orando e vigiando, isto é,

---

[52] **Nota de Paiva Netto**

A Grande Tribulação — Advertiu Jesus, o Fiel Amigo, quanto aos tempos do Juízo Final: *"Naqueles dias, haverá grande tribulação como nunca houve desde a criação do mundo até agora, e nem haverá jamais. E, se o Senhor Deus não abreviasse aqueles dias, ninguém seria salvo, mas Ele o fará em atenção aos eleitos que escolheu, dando a cada um de acordo com as obras de cada um"* (Evangelho, segundo Mateus, 24:21 e 22; 16:27; e Marcos, 13:19 e 20).

rezando e trabalhando, **nossos olhos verão através da tempestuosa tormenta da vida**, seja particular ou planetária, e saberemos reconhecer o caminho certo da sobrevivência. Todavia, é necessário **vivermos, perseverarmos e persistirmos em Cristo Jesus, Fonte Excelsa de toda a riqueza espiritual deste orbe**, que Ele criou, não para ser destruído. Como dizia o Irmão Zarur:

> — *Não é o fim* ***da*** *humanidade, é o fim* ***de uma*** *humanidade.*

O mundo do mal, este sim, se deparará com sua aniquilação. Aliás, já foi tarde! Graças a Deus!

Gandhi: "o capital em si não é mau"

Academia Jesus, o Cristo Ecumênico, o Divino Estadista *— Essa questão das riquezas que um indivíduo possui acaba se esbarrando em intrincadas discussões. Todavia, ser ou não rico não joga ninguém automaticamente do lado certo ou errado da História. Quantas mulheres piedosas que detinham posses, no passado bíblico, foram fundamentais para apoiar a causa da Cristandade em seus primórdios!*

Paiva Netto, para deixar bem claro esse ponto de vista sobre o tema, fez questão de publicar, na obra Jesus e a Cidadania do Espírito *(2001), texto extraído de seu livro* O Capital de Deus, *que anteriormente foi veiculado pela imprensa brasileira e mundial:*

Gandhi

Mahatma Gandhi (1869-1948), numa frase lapidar, estampada em seu jornal *Harijan*, no dia 28 de julho de 1940, declarou:

— *O capital em si não é mau; o uso incorreto dele é que é ruim.*

E para bem entendermos esse conceito do sábio ativista indiano — que não pensava e agia apenas à maneira de um religioso, todavia como um bom político —, necessário se faz que compreendamos, para surpresa de alguns, que **a Economia é essencialmente espiritual**. De fato, **é no Outro Lado da Vida que se encontra a sua verdadeira origem**, conforme registrei na entrevista publicada na *Folha de S.Paulo*, no Segundo Caderno, em 7 de novembro de 1982, na seção Exterior, quando tratávamos de nossa futura presença na ONU:

(...) **A Economia tem de ser vista e vivida sob o aspecto sublime da Solidariedade**, que garanta a todos o acesso aos bens de produção e de consumo: **a Economia é a mais espiritual, no sentido mais amplo, das ciências ou arte**. E aqui estou falando de RELIGIÃO, com todas as letras maiúsculas, e não dos casos patológicos catalogados como se fora religião no passar da História. Já ressaltei que **a falência religiosa gerou o ateísmo**. Religião é algo supinamente elevado, que nada tem a ver com os conflitos produzidos pelos indivíduos. **Jesus, o Grande Economista do planeta Terra**, competentemente **se vale das capacidades de Deus** e, assim, **semeia entre os seres terrestres**, em consonância com o merecimento de cada um, **os Talentos Divinos**. E tem poder para isso, conforme Ele mesmo revelou:

> — *A cada um será dado de acordo com as suas próprias obras* (Apocalipse, 22:12)[53].

A Solidariedade é a força executiva da Fraternidade Ecumênica, fundamento da Cidadania do Espírito. E isso faz parte da **Estratégia da Sobrevivência**, que há vários anos defendo. (...)

---

[53] ***"A cada um de acordo com as suas obras"*** — Também encontramos semelhante referência a essa passagem bíblica no livro de Jó, 34:11: *"Pois Deus retribui ao homem segundo as suas obras"* e no Evangelho de Jesus, segundo Mateus, 16:27.

Muito além do mercado

Com a Economia da Solidariedade Espiritual e Humana, dentro da Estratégia da Sobrevivência, que anuncio desde a década de 1970, procuro demonstrar que, acima do mercado, **existe um requisito anterior a ele próprio**, que há de subsistir eternamente. **Trata-se do Espírito Eterno do ser humano** que, evoluído e valorizado como **o Capital de Deus**, torna-se **o fulcro de equilíbrio da Economia**, porque se contrapõe à ganância e à impunidade.

Afrânio Peixoto

Afrânio Peixoto (1876-1947), médico baiano, deputado federal e escritor que marcou a ficção realista e impressionista do início do século 20, certeiramente expressou:

— *Através do tempo o lucro impiedoso cresceu e campeou. É ele que faz as calamidades e as guerras, porque a ambição ilícita é que gera a ferocidade da espoliação e da conquista.*

Diante do exposto por esse eminente membro da Academia Brasileira de Letras (ABL), convém esclarecer que, ao falar no papel ainda não devidamente conhecido do Espírito Imortal na Economia, não proponho uma quimera inatingível. Refiro-me àqueles seres humanos que **aplicam a consciência espiritual deles**

no dia a dia, pois estão plenamente cônscios — em Espírito e Verdade, pelo prisma do Novo Mandamento do Cristo — a respeito de sua verdadeira origem, que é divina, e, portanto, **vivem a Cidadania do Espírito**.

Com tal sabedoria, não poderão, sem más consequências para si mesmos, alegar-se vítimas de ceticismos nocivos ou fanatismos, visto que **o Divino Dono do Capital chamado Espírito virá, por processos que a maioria ainda não deduz, cobrar dos seus reducionistas ou detratores os desvios**. Reafirmo: **a Economia é a mais espiritual das ciências ou arte**, porquanto enfeixa o ordenamento dos bens imprescindíveis à sobrevivência das cidadãs e dos cidadãos e à melhoria da qualidade de vida, espiritual, moral e fisicamente falando. Abordar com apurado senso esse assunto é incumbência natural dos religiosos e mesmo dos descrentes em relação à existência da Divindade, mas que trazem dentro de si o apreço pela nobreza do semelhante. **Sem espírito solidário, não haverá civilização sobrevivente.**

* * *

***Academia Jesus, o Cristo Ecumênico, o Divino Estadista** — O capítulo prossegue, mas esse extrato ilustra bem o caminho que devemos trilhar sem os atalhos da corrupção de qualquer espécie.*

O Presidente-Pregador da Religião do Amor Universal assim retoma sua minuciosa análise dos versículos bíblicos acerca das riquezas:

Precisamos reeducar nossa relação com as riquezas materiais a partir da perspectiva prioritária do Espírito Eterno, que todos somos em essência e constituição, a fim de que não sejamos reféns delas. Não podemos permitir que essa turva concepção de ganância desmedida e inconsequente conduza nossos destinos sob uma cegueira espiritual e moral, percorrendo, atabalhoados, uma rota de colisão irreversível, a exemplo da corrupção. **Saber usar, com discernimento espiritual, os recursos ou talentos que Deus nos concede é possuir dentro de si os maiores tesouros da Alma, estes sim, que carregamos conosco pela Eternidade.** Tendo por base a Solidariedade Universal, alcançaremos as condições primordiais que garantam a sobrevivência humana em meio ao caos do pensamento materialista excludente, responsável pelo progresso da destruição que vemos campeando por aí.

A lição, pois, dos modestos Irmãos de Esmirna a nós é que tenhamos consciência plena de que **a verdadeira prosperidade reside em conservar nosso Espírito abastecido pelas joias morais, espirituais e éticas da Sabedoria Divina**. Essa Bendita Herança é ofertada sobeja e gratuitamente por Jesus, de Quem recebemos a promessa de herdar todas as fortunas existentes, se cultivarmos a genuína simplicidade de coração:

— *Bem-aventurados os humildes, porque deles é o Reino do Céu* (Evangelho, segundo Mateus, 5:3).

Lembrando, porém, esta advertência do Rei dos reis, quando interrogado por Pilatos, e que serve a qualquer ganancioso desavisado que ainda não tenha compreendido a que patrimônio Ele alude:

— *O meu Reino não é deste mundo.*

Jesus (João, 18:36)

A verdadeira prosperidade reside em conservar nosso Espírito abastecido pelas joias morais, espirituais e éticas da Sabedoria Divina.

O APRENDIZADO DO JOVEM RICO

Inspirado pelo versículo nono do capítulo segundo do Redentor Apocalipse de Jesus — que exalta característica marcante das Irmãs e dos Irmãos de Esmirna, ao cultivarem antes de tudo o Tesouro Celeste —, apresento-lhes, por oportuna, passagem bíblica de elevado teor, repleta de aprendizados fundamentais à nossa iniciação espiritual. Jesus vai testar, valendo-se de um duro discurso, um jovem rico que O aborda, questionando o que haveria de fazer para entrar no Reino dos Céus. O Sublime Pedagogo aproveita o ensejo para igualmente deixar um fraterno ensinamento aos Seus Discípulos.

É necessário, porém, a todos alertar para a cilada de julgamentos precipitados de qualquer espécie, sobretudo, quanto às condições sociais de quem quer que seja. Não é por alguém ser pobre que está salvo, tampouco está fadado à perdição aquele que detém maiores posses. Ambos os casos representam simplesmente roupagens circunstanciais para o Espírito Eterno que nelas reencarna de forma passageira, com o fito de cumprir, diante dos inúmeros desafios que cada conjuntura lhe impõe, sua Agenda Espiritual[54] previamente estabelecida, sabendo extrair as valiosas lições pelo caminho. Recordemos que o Cristo de Deus, o Supremo Governante do planeta, convivia com pessoas oriundas das mais diversas categorias da sociedade à época de Sua Primeira Vinda Visível, importando-se em tão somente enxergar e enaltecer as qualidades da Alma, pois todos os bilhões de seres que habitam o Céu e a Terra estão sob Sua Generosa Guarida indistintamente. Mesmo aos que se desviam de seus compromissos, mas desejam se reerguer, o Amigo Celeste estende as Suas Misericordiosas Mãos. Afinal, Ele próprio afirmou:

> — *Não vim para os sãos, mas para, em nome do Pai Celestial, curar os enfermos* (Evangelho, segundo Marcos, 2:17).

Vamos pedir que o Benfeitor Celeste abra nossos olhos e ouvidos espirituais, tal qual fez com os que O seguiam, a fim de que sejamos dignos de receber o Novo Pentecostes, que desce até nós por meio das Escrituras Santas do Evangelho-Apocalipse para os

---

[54] **Agenda Espiritual** — Tema tratado na obra *Conversando com seu Anjo da Guarda — A Agenda Espiritual* (2007), da lavra do Irmão Dr. Bezerra de Menezes (Espírito), pela sensitividade do Cristão do Novo Mandamento Chico Periotto.

Simples de Coração. Aproveitemos a oportunidade para **nos enriquecer de dentro para fora, porque a riqueza e a pobreza encontram-se em nosso íntimo.** Jesus ordenou que o Apóstolo Pedro jogasse a rede ao mar para pescar os inúmeros peixes, naquele admirável milagre (Evangelho, segundo Lucas, 5:1 a 11). E agora, geração após geração, lancemos a Palavra Divina para multiplicar a Fé Realizante nas Almas. Unidos no Cristo, meditemos sobre a Boa Nova, segundo Mateus, 19:16 a 30:

O jovem rico

16 *Um jovem aproximou-se de Jesus e Lhe perguntou: Ó Bom Mestre, que bem farei para alcançar a Vida Eterna?*

17 *Jesus lhe respondeu: Por que me perguntas acerca do que é bom? Bom só existe um, que é o Pai que está nos Céus. Se queres, porém, entrar na Vida Eterna, guarda os Mandamentos Divinos.*

18 *Perguntou-Lhe o jovem: Mas quais, Mestre? Respondeu Jesus: Não matarás, não cometerás adultério, não furtarás, não dirás falso testemunho;*

19 *honra a teu pai e a tua mãe, e amarás o teu próximo como a ti mesmo.*

20 *Falou-Lhe então o rapaz rico: Senhor, tudo isso tenho feito desde a minha mocidade; que me falta ainda para merecer a Vida Eterna?*

21 *Disse-lhe o Cristo: Se queres ser perfeito, vai,
vende todos os teus bens e dá aos pobres, e terás um
tesouro no Céu. Depois, vem e segue-me.*
22 *Ora, o jovem, ouvindo estas palavras, retirou-se
triste, por ser dono de muitas propriedades.*

O perigo das riquezas

23 *Então, disse Jesus aos Seus Discípulos: Em verda-
de, em verdade vos digo quão difícil é entrar um rico
no Reino dos Céus.*
24 *E ainda vos digo que é mais fácil passar um
camelo pelo fundo de uma agulha do que um rico
entrar no Reino de Deus.*
25 *Ouvindo isto, os Discípulos ficaram grandemen-
te maravilhados e disseram: Mas, Senhor, sendo as-
sim, quem pode ser salvo?*
26 *Jesus, fitando neles o olhar, disse-lhes:* ***O que
não é possível ao homem para Deus é sempre
possível.***
27 *Então, Pedro Lhe falou: Senhor Jesus, eis que nós dei-
xamos tudo e Te seguimos; que será, pois, Senhor, de nós?*
28 *Jesus lhes respondeu: Em verdade, em verdade
vos digo que vós que me seguistes, quando, na rege-
neração dos tempos, o Filho de Deus se assentar no
trono da Sua Glória, então também vos assentareis
em doze tronos para julgar as doze tribos de Israel*
[que hoje representa toda a humanidade].

29 *E todo aquele que tiver deixado casas, ou irmãos, ou irmãs, ou pai, ou mãe, ou mulher, ou filhos, ou terras, por causa do meu nome, receberá muitas vezes mais e herdará a Vida Eterna.*
30 *Porém, há muitos primeiros que serão últimos; e últimos que serão primeiros.*

Confiar em Jesus é a melhor resposta

O magnetismo espiritual proporcionado pela simples leitura do Livro Sagrado já é capaz de nos fazer sentir melhores, socorridos pelos nossos Anjos Guardiães, pela Medicina Invisível, que Jesus usava para curar os enfermos do corpo e da Alma. Com isso, vai dissipando as crostas da ignorância de todas as espécies que porventura tenham se instalado em nossos corações e atrasam nossas existências.

Para o propósito desta análise, quero me deter em alguns pontos. Em outras oportunidades, poderemos retomar os demais trechos. Há quem possa argumentar que é impossível obter a salvação. Isso porque o jovem rico cumpria todas as leis, entretanto não conseguiu abandonar a riqueza e entregá-la aos pobres, pois era apegado a ela. Conforme explicamos, Jesus testava o rapaz.

Recorro ao que proferi de improviso, durante a Cruzada do Novo Mandamento de Jesus — Reunião da Comunhão com Deus, que conduzi em São Paulo/SP, no dia 5 de outubro de 1991. Explicitei uma situação hipotética, em que o moço responderia:

— *Senhor, eu abro mão de tudo e O sigo!*

O que aconteceria então? Certamente **Jesus iria ensiná-lo a gerir aquela riqueza de outra forma, fazendo muito bem a tantos pobres.** Dali poderiam surgir indústrias, comércios ou investimentos sociais, que resultariam em benefícios à população em geral. Por que deduzo isso? Precisamos raciocinar por analogia. Compartilho do mesmo princípio do Gandhi, quando afirmou que o dinheiro em si não é mau, todavia o emprego que o ser humano ególatra, centrado em si próprio, dá a ele é que gera mazelas.

Emmanuel

Chico Xavier

É um assunto tão sério que cheguei a gravar um programa radiofônico para a série "Lições de Vida", da Super Rede Boa Vontade de Rádio, em 3 de novembro de 1990, com uma instrutiva página de Emmanuel (Espírito), pela psicografia do saudoso Chico Xavier (1910-2002), que vem ao nosso socorro:

Dinheiro amigo

Letras de câmbio! Alterações de câmbio!...

Em toda parte, vemos o problema da troca na vida monetária por base de sustentação a mercados diversos.

Tanto quanto possível, no entanto, pensa no câmbio da caridade!...

Sempre que se nos fixe a atenção no dinheiro, reflitamos nas aflições que ele pode suprimir.

Medita em teu saldo financeiro, ainda que mínimo, transformado no socorro ao enfermo ou na alegria de uma criança.

Frequentemente, a quantia que julgas modesta e sem qualquer significação, se aplicada a benefício de outrem, pode ser transubstanciada no reconforto e na bênção de muitos.

É inegável que inúmeros de nossos irmãos da humanidade não compreendem ainda a missão benemérita da riqueza material, dissipando-a sem elevação nem grandeza, tanto quanto existem outros muitos que desconhecem o valor do corpo, dilapidando-lhe as energias sem entendimento ou proveito. ***Gradativamente, porém, as criaturas observarão a importância do dinheiro****, à margem das próprias necessidades,* ***por instrumento potencial de trabalho e educação, progresso e beneficência****, à espera de nossas resoluções para construir e servir.*

Bendita seja sempre a moeda que remunera o suor do pai de família, que realiza os sonhos respeitáveis da juventude, que se faz socorro aos irmãos desfalecentes *na estrada ou que se converte* *em escora e recuperação dos pequeninos que vagam sem apoio e sem direção!*

Coloca-te no lugar daqueles companheiros nossos do mundo que se oneram de débitos e compromissos de solução urgente, que varam humilhação e penúria, que sofrem doença com abandono ou que se estiram nas trilhas de provação, sem ânimo e sem teto, e reconhecerás que ***a moeda empregada a serviço do bem pode ser comparada a um raio de luz do Céu que verte de Mais Alto, ao encontro da lágrima na Terra****, a fim de transformá-la em bênção de esperança e de amor, na edificação de um mundo mais feliz.*

(Os destaques são de Paiva Netto.)

Reforçamos este ponto: **não é o recurso que é iníquo, é o ser humano, enquanto ignorante espiritual, que pratica iniquidades**, ao tornar-se servo da prata e do ouro e não seu senhor, tal qual "o rabo que abana o cachorro", nessa anedota popular mais que realista. **Quando não cede ao Amor Fraterno, infelizmente a Mestra Dor precisa entrar em cena para corrigir os rumos, muitas vezes até dando cabo aos bens.** O Mecanismo Celeste se vale ainda da Lei Universal das Vidas Sucessivas, que, antes de mais nada, é um dispositivo pedagógico.

Além disso, **o aprendizado não se concentra exclusivamente na submissão a posses materiais**. Estende-se a **tudo aquilo que é transitório e entesouramos em nós**, criando uma espécie de cárcere de areia movediça, no qual permanecemos aprisionados por crer em uma realidade episódica.

Lembro-me do Irmão Zarur falando, em seus programas de rádio, que a maior provação é o poder, é a riqueza, é a inteligência, é a beleza, quando mal-aproveitados. Em prejuízo dos seres terrenos, todos esses valores, quando sofrem desvio de finalidade, constituem uma punição tremenda para os faltantes e acabam virando mesmo um tormento... Nas reencarnações sucessivas, serão obrigados a saldar suas dívidas pelo mau uso dessas capacidades que Deus lhes entregara para serem empregadas em benefício das coletividades.

Outro ensinamento dessa passagem: não invejem porque fulano tenha mais e você, menos. Há uma *Mensagem da Ave, Maria!* em que o Irmão Zarur faz a leitura de esclarecedora página de André Luiz (Espírito), psicografia de Chico Xavier, que é uma lição sem rodeios a ser observada pelos que almejam o progresso de suas vidas espirituais e materiais, deixando de lado murmúrios improdutivos e cerceadores do êxito. Seu título:

André Luiz

Aparências

Não acuse o Irmão que parece mais abastado. [Não se iluda com a riqueza dele.] *Talvez seja simples escravo de compromissos terríveis.*

Não condene o companheiro que é patrão. É provável seja ele mero devedor das multidões.

Não inveje nunca aquele que administra, enquanto você obedece. Geralmente é um torturado.

Não menospreze o companheiro conduzido a maior destaque do que você. A responsabilidade que lhe pesa nos ombros pode ser um incessante tormento.

Não censure a mulher que se apresenta suntuosamente vestida. O luxo, provavelmente, lhe constitui amarga provação.

Não critique as pessoas gentis que parecem insinceras, à primeira vista. Possivelmente, estarão evitando enormes crimes ou grandes desânimos.

Não se agaste com seu amigo mal-humorado. Você não lhe conhece todas as dificuldades íntimas.

Não se aborreça com a pessoa de conversação ainda fútil. Você também foi assim quando lhe faltava experiência.

Não murmure contra os jovens menos responsáveis. Ajude-os, quanto estiver ao seu alcance, recordando que você já foi leviano para muita gente.

Não seja intolerante em situação alguma. O relógio bate, incessante, e você vai ser surpreendido por inúmeros problemas difíceis no seu caminho e também no caminho daqueles que você tanto ama.

Grande recado espiritual-humano para nossa meditação.

O GAZOFILÁCIO À NOSSA FRENTE

A passagem que estudamos anteriormente sobre o jovem rico nos estimula a buscar em nosso coração o que é, de fato, imprescindível saber: **se há o suficiente de Deus dentro de si. Aí, o aparentemente pouco que tenhamos se tornará incalculável fortuna.** É o exemplo, ressaltado por Jesus, da humilde viúva junto ao gazofilácio, que ficava no Templo de Jerusalém. Tratava-se de uma espécie de cofre no qual os fiéis depositavam suas ofertas voluntárias.

Passemos a palavra a Zarur, que também nos conta esse fato, ao explicar a Chave 8, constante das 21 Chaves Bíblicas da Volta Triunfal de Jesus:

> *A Chave número 8 é o advento da Caridade Legítima. Ninguém sabia praticá-la até que Jesus veio mostrar que não é apenas dar do que sobra. Recorramos ao Evangelho, segundo Marcos, capítulo 12, versículos de 41 a 44:*

A viúva pobre, por Gustave Doré (1832-1883).

A oferta da viúva pobre

41 Assentado diante do gazofilácio, observava Jesus como o povo lançava ali o dinheiro. Ora, muitos ricos depositavam grandes quantias.

42 *Vindo, porém, uma viúva pobre, depositou duas pequenas moedas correspondentes a um quadrante.*
43 *E, chamando os Seus Discípulos, disse-lhes: Em verdade, em verdade vos digo que esta viúva pobre depositou no gazofilácio mais do que o fizeram todos os ofertantes.*
44 *Porque todos eles ofereceram do que lhes sobrava; ela, porém, ofertou da sua pobreza tudo quanto possuía, todo o seu sustento.*

A Lei das Obras

Com essa lição, Jesus demonstrou que há mais Caridade nos dois leptos da viúva pobre depositados no gazofilácio. Observou para os Seus Discípulos que "ela deu mais do que todos os ofertantes, porque eles deram do que lhes sobejava".

Não é vantagem. ***Ela, no entanto, doou do seu próprio sustento.*** *É como ocorre com muitos Legionários da Boa Vontade e Cristãos do Novo Mandamento, que, para virem aos Congressos da LBV, não temem dificuldades. Mas Jesus está vendo esse sacrifício.* ***O Divino Mestre está-se comovendo com tamanho esforço****, porque essa é a Caridade Legítima.* ***É a Caridade Eterna de que participa o coração.*** *Vemos no Apocalipse (14:13) o seu coroamento:* ***"Vossas obras vos acompanham"*** *para a Eternidade. Isso é muito importante: o que* *leva à salvação, além da Fé e da Graça, são as Boas Obras que praticarmos. Que mais diz o Apocalipse? "A cada um de acordo com as suas obras (Apocalipse, 22:12)."*

E Paulo Apóstolo, que aprendeu com o Cristo Jesus, assim ensina: "cada um receberá do Senhor todo o bem que fizer, seja servo, seja livre (Epístola aos Efésios, 6:8)".

No Evangelho compreendemos que ***a verdadeira Caridade é muito mais que um gesto mecânico de livrar-se da pessoa infeliz.***

Honremos o sacrifício das modernas "viúvas pobres"

Estando na cantina do Instituto de Educação da Legião da Boa Vontade, em São Paulo/SP, no dia 6 de novembro de 1995 (segunda-feira), me reuni com diversos jovens destacados pelos seus esforços na LBV e tratamos de vários assuntos importantes para a manutenção de nossas Obras de Boa Vontade. Afinal, a Instituição é muito grande e temos de mantê-la funcionando a todo vapor. **Logo, fomos buscar socorro em Jesus, o Provedor Celeste.**

Lemos o capítulo 21 do Evangelho, segundo Lucas, no qual também se encontra essa história da viúva que depositou seu modesto donativo no gazofilácio. E, em minha interação com a Juventude Ecumênica da Boa

Vontade de Deus, provoquei a todos que comentassem sobre o que o Catedrático Sublime ali quisera mostrar.

Será que Jesus almeja que vivamos na penúria? Evidentemente que não! O primeiro Pregador que ouvi neste mundo dizer isso, e olha que já passei bem de meio século de vida (estávamos em 1995) nesta encarnação, foi Alziro Zarur. Ele admoestava ser um crime achar que Jesus é pobre e deseja que todos enfrentemos necessidades financeiras. **Deus é rico**, acrescentava ele, **e não quer a miséria de Seus filhos**. É só observarmos a descrição da Nova Jerusalém, com os adornos em suas muralhas, portas e praça (Apocalipse, 21:9 a 27) — uma imponência espiritual que nossa pequenez nem sequer consegue conceber.

Mas, vejamos, **há pessoas que crescem com o sofrimento; outras se rebelam, postergando ainda mais a sua libertação. Já essa valente mulher, não!** Ela progrediu, apesar da dificuldade, e, anônima, pelos milênios, nos dá a chance de agir da mesma maneira, ao ter o Sábio Professor eternizado a sua atitude no Bem. Meu Deus! **De quantos exemplos desses nossas amadas Legião da Boa Vontade e Religião Divina são testemunhas diariamente!** São milhares e milhares de doadores, mantenedores, voluntários, dizimistas que muita vez reproduzem esse óbulo da viúva pobre. Simples nas posses materiais, porém riquíssimos em sua generosa Alma. Daí a minha exigência para que

tudo em nossas Obras funcione perfeitamente a fim de fazer jus a todos esses sacrifícios!

Em termos espirituais, a oferta daquela surpreendente benfeitora foi a mais valiosa diante de Deus. Contudo, isso não significa dizer que, se você possuir mais, deve deixar de doar, porque **o Compassivo Juiz julga as pessoas pelo tesouro do coração**. Quem pode usar a sua fortuna a bem dos desguarnecidos da sorte que o faça. Temos muitos desses casos pelo mundo. Afinal, não é à toa que esta ou aquela pessoa veio com condições financeiras mais favoráveis. E se você não tiver recursos materiais, poderá contribuir com sua próspera disposição no Bem.

O repto lançado pelo Cristo em Sua Boa Nova, segundo Mateus, 19:23 a 26, sobre a dificuldade de um rico entrar no Reino de Deus, que lemos no capítulo anterior, **não é lição de conformismo**. É justamente para que enxerguemos **a valiosa oportunidade que o Pai Celestial nos está oferecendo de modificar a trajetória de tantos à nossa volta**.

Por exemplo, para se manter de portas abertas amparando a população, **a LBV e a Religião do Amor Universal precisam constantemente da ajuda das viúvas do gazofilácio, assim como daqueles que dispõem de recursos, cujo coração está abastado de Bondade, e podem colaborar mais**. E vejam que **as Instituições da Boa Vontade prestam contas de tudo o que recebem desse povo generoso**. Os resultados do competente gerenciamento desses meios estão aí na televisão, nos jornais, nas revistas, na internet, no depoimento das vidas transformadas para melhor. Isso é sua contribuição, minha Irmã, é o seu donativo, meu Irmão. É o socorro incessante batendo recordes atrás de recordes no auxílio a quem mais sofre[55].

Durante esse feliz encontro, levado ao ar, ao vivo, pela Super Rede Boa Vontade de Rádio, começamos a agradecer aos espectadores as ofertas que fizeram chegar naquele momento. Afinal, há muitas viúvas do gazofilácio colaborando com a Legião da Boa Vontade e a Religião do Terceiro Milênio. **Uma mulher com um caráter desses há de abrir caminhos em sua vida pelas reencarnações sucessivas e na dos demais que a queiram seguir os passos.** Depois Jesus, ao enviar ao mundo os Setenta Discípulos, afirma:

> — *(...) É chegado o Reino de Deus* (Evangelho, consoante Mateus, 10:7).

Então, esse Reino Bendito é um reino de miséria? Jamais! Jamais! Jamais!

[55] Você pode acessar o balanço anual das atividades da LBV em seu *site*: www.lbv.org

O CAMELO E A AGULHA

Retomando a explicação da passagem bíblica sobre o jovem rico (Boa Nova, segundo Mateus, 19:16 a 30), reforço que Jesus utiliza linguagem eloquente para sacudir as consciências empedernidas. É uma chamada de atenção, tal qual vemos no versículo 24, nesta expressão de que o Educador Celeste se vale:

> 24 *E ainda vos digo:* ***é mais fácil passar um camelo pelo fundo de uma agulha*** *do que um rico entrar no Reino de Deus.*

Há quem defenda que não se trata do animal atravessando um espaço tão minúsculo, mas de uma espécie de linha bastante grossa, um tipo de corda — termo que em grego tem grafia semelhante. Independentemente disso, é uma sentença que indica uma impossibilidade, pois no que se segue encontramos:

25 *Ouvindo isto, os Discípulos ficaram grandemente maravilhados e perguntaram:* ***Mas, Senhor, sendo assim, quem pode ser salvo****?*
26 *Jesus, fitando neles o olhar, disse-lhes:* ***O que não é possível ao homem para Deus é sempre possível****.*

Já explicamos que ninguém nasce perdido ou destinado a se extraviar. Mesmo que algo não pareça realizável sob a ótica humana, **a Perspectiva Divina é muito mais abrangente**. Saibamos disto: **ninguém decreta o nosso destino. Quem o constrói somos nós mesmos, com a Proteção de Deus!**

O que o Cristo Jesus aqui adverte é quanto a **utilizarmos bem o que conquistamos**. Se for em abundância, devemos, com Solidariedade e Generosidade, **transformar tal fartura acessível para mais gente que nada tem**. Porque esse é o espírito de Caridade que muitos lamentavelmente ainda não entendem. Trata-se de um sinônimo de Amor, e Deus é Amor. Não sejamos tomados pelo pensamento mesquinho, porque, se assim fosse, o Pai Celestial, que tudo possui, não distribuiria Suas imensuráveis benesses espirituais e materiais conosco. Então, **a Caridade Completa — a do corpo e da Alma —, que defendemos e praticamos desde os primórdios das Instituições da Boa Vontade, é algo importantíssimo, uma estratégia de expressão divina**. Devemos ter brilhantismo, capacidade e muita competência para fazê-la florescer na Terra nesse sentido amplo, pois **é um sentimento que nos mantém vivos, uma força que leva a sobreviver crentes e descrentes**, que podem não admitir a existência de uma Energia Superior, mas se preocupam com o bem-estar do seu semelhante. Afinal, **ateu também é filho de Deus**.

O valor da família

Um comentário se faz necessário: não achem que, com este versículo que está na sequência, Jesus esteja oferecendo uma prerrogativa para se avacalhar com o sentido de família:

> 29 *E todo aquele que tiver deixado casas, ou irmãos, ou irmãs, ou pai, ou mãe, ou mulher, ou filhos, ou terras, por causa do meu nome, receberá muitas vezes mais e herdará a Vida Eterna.*

Até porque **foi o Filho de Deus Quem estabeleceu o conceito divinal de família na Terra. Ele fez questão de nascer em um lar!** Convém recorrer ao fato de que, momentos antes de Sua crucificação, Ele entregou Sua Mãe aos cuidados de João Evangelista, o Discípulo mais jovem, demonstrando com essa atitude Sua profunda preocupação filial.

Legião da Boa Vontade — meu bom destino

A propósito, cito um episódio de minha trajetória para ilustrar: meus queridos pais e familiares desejavam que eu seguisse carreira em outro ramo, fosse na medicina, na música ou no meio militar. Todavia, meu coração foi arrebatado pelo Cristo no instante em que ouvi a palavra do saudoso Irmão Zarur pelo rádio. Já contei a vocês: eram cinco para as 6 horas da manhã, de 29 de junho de 1956 — Dia de São Pedro e São Paulo. Ali se descortinara fulminantemente em mim qual era **o meu bom destino: a Legião da Boa Vontade**. Tive de divergir do afetuoso incentivo de pessoas queridas do meu coração. Com o passar do tempo, todas perceberam que fiz a escolha certa e me apoiaram incondicionalmente, porque sempre nos amamos e nos respeitamos. Só posso agradecer aos Céus pelo berço de ternura que me abrigou, provindo dos meus amorosos pais, Idalina Cecília (1913-1994) e Bruno (1911-2000), da minha querida irmã, Lícia Margarida (1942-2010), e de toda a minha família. Nutrido por esse feliz sentimento que recebi em casa, estou aqui até hoje testemunhando a Deus, ao Cristo e ao Espírito Santo, com imenso júbilo em minh'Alma.

A infalível ciência do diálogo

E assim cada um, dentro da sua vocação, deve agir, praticando a **infalível ciência do diálogo** e alcançando o mérito de vivenciar essa Bendita Promessa de Jesus na mesma passagem bíblica:

> 27 *Então, Pedro Lhe falou: Senhor Jesus, eis que nós deixamos tudo e Te seguimos; que será, pois, Senhor, de nós?*
> 28 *Jesus lhes respondeu:* ***Em verdade, em verdade vos digo que vós, que me seguistes, quando, na regeneração dos tempos, o Filho de Deus se assentar no trono da Sua Glória, então também vos assentareis em doze tronos para julgar as doze tribos de Israel*** **[que hoje representa toda a humanidade]**.

Jamais cedendo ao comodismo nem se considerando detentor de regalias, pois todos têm seu lugar no Reino de Deus:

> 30 *Há muitos primeiros que serão últimos; e últimos que serão primeiros.*

O maior privilégio do mundo é servir a Jesus!

PROTEÇÃO DE DEUS CONTRA AS MALDADES

(Parte 1)

***Academia Jesus, o Cristo Ecumênico, o Divino Estadista** — As novas ideias geralmente encontram resistência justamente daqueles que até teriam todas as condições de promovê-las, mas não o fazem. Todavia, o ser humano tardo é o maior inimigo de si mesmo, por ser adversário do seu próprio progresso espiritual e material.*

É o que Paiva Netto abordará na continuação deste versículo em foco:

— *(...) és caluniado por aqueles que se dizem apóstolos,* ***e não são****, sendo antes templo de satanás* (Apocalipse, 2:9).

Quando esses personagens — *"que se dizem apóstolos, e não são"* — apontados nas Cartas às Igrejas de Éfeso, Esmirna e Filadélfia[56] proferem essa calúnia, podemos inferir que são gente consumida pela hipocrisia. Isso nada mais significa do que fingir ser uma coisa, mas, no fundo, revelar-se o oposto, porquanto a mentira é sua base. São infelizes que se apresentam como embusteiros da pior espécie: se passam por cumpridores da Lei de Deus, fiéis à Escritura, aparentemente até companheiros de Ideal, mas enganam os desavisados e agem de modo sorrateiro contra Jesus. Acabam sendo ferramentas de satanás, ou seja, do mal, para dispersar o Rebanho do Senhor: dividir para reinar é o seu sinete.

É como o que acontece naquela triste constatação proferida pelo Cristo de Deus, quando foi rejeitado em Nazaré, cidade onde cresceu e passou boa parte de Sua vida terrena:

> — *De fato, vos afirmo que nenhum Profeta é bem recebido em sua própria terra* (Evangelho, segundo Lucas, 4:24).

Mas, retomando nossa fala sobre aqueles que se autoflagelam ao semear a discórdia, afirmo que, com sua falsidade, exploram levianamente a Fé e o senti-

56 Apocalipse do Cristo, 2:2 e 9; e 3:9.

mento das pessoas e difamam os verdadeiros seguidores do Divino Mestre, que se esforçam por viver em plenitude o Amor de Deus no coração.

O cuidado com os "lobos" visíveis e invisíveis

Esses farsantes são lobos disfarçados em pele de ovelha, que devem ser desmascarados, como fizeram os habitantes de Éfeso (Apocalipse, 2:2). Redobremos nossa atenção, **pois esses verdugos estão presentes tanto no plano visível quanto no invisível**. Contudo, como denuncio em *A Missão dos Setenta e o "lobo invisível"* (2018)[57], esse animal caracterizado por um espírito obsessor geralmente é muito mais atuante do que os "lobos" reencarnados e, além disso, com a vantagem, para ele, de ser invisível. Como costuma agir? De várias formas. Eis uma bem comum: começam a brotar ideias estranhas na cabeça do indivíduo. A pessoa imagina, então, que está conversando sozinha. Que nada! Uma caterva de almas trevosas, à sua volta, põe-se a "soprar", nos seus ouvidos, apelos a que não se deve atender, por serem maus. É dessa maneira que

[57] **Redobrada atenção aos verdugos visíveis e invisíveis** — Para se aprofundar no assunto, leia *A Missão dos Setenta e o "lobo invisível"* (2018). Nele, Paiva Netto denuncia a ação do "lobo invisível", o espírito obsessor, que a tantas tragédias vem arrastando indivíduos, famílias, sociedades, governos, países. Essa e outras obras do autor podem ser adquiridas pelo *site* www.PaivaNetto.com/livros.

são disparados e multiplicados ***"aqueles que se dizem apóstolos, e não são, sendo antes templo de satanás"***.

Para a defesa contra tal categoria de seres ainda inferiores, só existe uma solução. Quem a revela é Jesus, em Seu Evangelho, segundo Mateus, 17:21:

— *Para esse tipo de espírito, só muita oração e vigilância.*

Assim sendo, **não devemos permitir que a ação de malfeitores nos tire do bom caminho**. Temos um dever espiritual e vamos realizá-lo, pois **valentia**, na Religião de Deus, do Cristo e do Espírito Santo, **é assumir um compromisso com o Bem e levá-lo honrosamente até o fim**. E podemos acrescentar: **e além do fim**.

Transformar dificuldades em aliadas

Sugiro que encaremos essa situação de ser caluniado por quem se diz apóstolo, mas não é, da seguinte maneira: **um dos maiores amigos que temos são as dificuldades**. Foi o que declarei em 5 de outubro de 1991, em São Paulo/SP, durante a Cruzada do Novo Mandamento de Jesus — Reunião da Comunhão com Deus.

— *Ô Paiva, perdeu o senso?!* — alguém pode indagar.

Não, claro que não, minha Amiga, meu Amigo. Por que afirmo isso? Ora, nossos eventuais detratores acabam nos ajudando a permanecer em movimento, sem estagnar, buscando o constante aperfeiçoamento, visto que nos desafiam a não tropeçar e não dar motivos para a maledicência. Por isso, Rui Barbosa (1849-1923), em sua *Oração aos moços*, escreveu:

Rui Barbosa

— *Amigos e inimigos estão, amiúde, em posições trocadas. Uns nos querem mal, e fazem-nos bem. Outros nos almejam o bem, e nos trazem o mal.*

É aquilo que digo sempre: se a acusação contra você for falsa, estará iluminado, porque sofreu calúnia. Se for verdadeira, terá a oportunidade ímpar de corrigir os seus equívocos.

O que Jesus promete nas Suas Bem-Aventuranças do Sermão da Montanha?

— *Bem-aventurados os que são perseguidos por causa da Verdade, porque deles é o Reino do Céu. Bem-aventurados sois vós, quando vos perseguem, quando vos injuriam e, mentindo, fazem todo o mal contra vós por minha causa. Exultai e alegrai-vos, porque é grande o vosso galardão no Céu. Porque assim foram perseguidos os Profetas que vieram antes de vós.*

(Evangelho, segundo Mateus, 5:10 a 12)

Embora não seja agradável a ninguém ser caluniado, é uma honra receber o mesmo tratamento que os antigos Profetas de Deus. Isso é forte indicativo de que se está no bom caminho.

Agora, muita atenção: não estamos aqui falando nos dramas de nossa vida pessoal que, com o passar do tempo, paciência e Fé Realizante, hão de se resolver por meio das nossas atitudes acertadas. **Nós nos referimos a uma enorme perseguição das forças das trevas contra os Postulantes da Luz, que se encontravam em Esmirna ou — trazendo para a atualidade — em qualquer parte do mundo ou tempo, quando Pugilos do Bem trabalham pela melhoria da sociedade.**

Deus de Suprema Bondade

Oremos e agradeçamos ao Pai Celestial por todo infortúnio que bater à nossa porta, porque venceremos sempre firmados em Jesus e Suas Soberanas Leis. **Não há mal em Deus**, declarava o Irmão Zarur, que esclarecia *mutatis mutandis*:

> *— Diz o povo: há males que vêm para o Bem. Pois eu digo: não há nenhum mal que venha para o mal,* ***tudo vem para o Bem****, porque nós* ***somos criaturas de Deus****, criadas à imagem e semelhança Dele, em Espírito.* ***Então, não há injustiça!***

Ora, **isso não quer dizer que devamos nos conformar com o que está errado**. Nem o Irmão Zarur nem eu exibimos qualquer demonstração de covardia. Lembremo-nos destas palavras do saudoso Proclamador da Religião Divina, que as definiu como o Sétimo Mandamento dos Homens e Mulheres da Boa Vontade de Deus:

> — *Perdoar é transferir o julgamento à Lei de Deus.* ***Mas o Pai não proíbe que Seus filhos se defendam dos maus.***

Não devemos permitir que a ação de malfeitores nos tire do bom caminho. Temos um dever espiritual e vamos realizá-lo, pois valentia, na Religião de Deus, do Cristo e do Espírito Santo, é assumir um compromisso com o Bem e levá-lo honrosamente até o fim. E podemos acrescentar: e além do fim.

PROTEÇÃO DE DEUS CONTRA AS MALDADES

(Parte 2 – final)

Tudo isso que estamos refletindo com vocês tem a ver com o versículo em questão, quando Jesus afirmou aos desvelados adeptos em Esmirna:

> — *Conheço a tua tribulação, a tua pobreza, mas tu és rico; e que és caluniado por aqueles que se dizem apóstolos, e não são, sendo antes templo de satanás* (Apocalipse, 2:9).

Aquelas Irmãs e aqueles Irmãos estavam na presença de pessoas que se declaravam uma coisa na exterioridade, e eram o oposto no íntimo, cometendo o ato de caluniar os verdadeiros seguidores de Jesus, que são aqueles que transcendem a aparência dos fatos. Imaginem o tamanho da decepção, porque se diziam conhecedores da Palavra de Deus e disfarçavam-se como tais, todavia se comportavam de maneira oposta às Diretrizes Celestes.

Defendemos que **a melhor proteção contra esse mal é agir com Amor ao próximo**, pois **não se combate o ódio, a ignorância ou a calúnia na mesma moeda**. Quando estivermos diante das trevas, não percamos tempo atiçando-a: **apenas acendamos uma luz e a escuridão se desfará**.

O que é "dar a outra face"?

Foi exatamente o exemplo de Jesus, o Cristo Ecumênico, o Divino Estadista, que ensinou:

> — *Ao que te bate numa face,* ***oferece-lhe também a outra*** *(...)* (Evangelho, segundo Lucas, 6:29).

Em *As Profecias sem Mistério* (1998), explanei que esse ensinamento do Professor Celeste significa que **não devemos jamais entrar na sintonia do ódio**. ***"Dar a outra face"*** é levar os que nos desejam ofender à percepção de que estão cometendo um ultraje contra si mesmos. (...) **O ódio é arma voltada contra o peito de quem odeia.** Eis o Evangelho-Apocalipse a nos proporcionar Desenvolvimento Social, Solidário e Sustentável, Educação e Cultura, Arte e Esporte, com Espiritualidade Ecumênica, para que haja Consciência Socioambiental, Alimentação, Segurança, Saúde e Trabalho para todos, no despertar do Cidadão Planetário. ***"Dar a outra face"*** **é um ato de coragem**, um exercício de paciência; não é ação para omissos e acomodados. É uma forma também de demonstrar convicção quanto aos Ideais do Bem que abraçou no mundo.

— *Ah! não me venha de novo com esse negócio de Amor, de paciência, de compaixão... Isso não existe mais, é tudo por interesse.*

Se você pensa assim, então está precisando mais ainda de Amor Fraterno. E quem diz que não quer ser amada ou amado está doente ou está mentindo, o que para mim é a mesma coisa.

A lição que vem dos pequeninos

Para realmente praticarmos os ensinos do Bom Pastor, é necessário olhar para **a lição que os pequeninos nos oferecem todos os dias**, com sua **pureza de coração**, que é diferente de sermos ingênuos — o mundo ainda é um lugar onde prolifera a maldade, infelizmente, e devemos saber nos defender.

Quero aproveitar para recorrer a um versículo importante para esse tema. Está no Santo Evangelho, segundo Mateus, 18:3, quando o Salvador dos humildes assevera:

— *Em verdade, em verdade vos digo que, se não vos converterdes e não vos tornardes como crianças, de modo algum entrareis no Reino dos Céus.*

Apresentarei uma explicaçãozinha conforme o meu modesto entendimento. Falei sobre isso com os queridos Soldadinhos de Deus, da LBV — como são carinhosamente chamadas as crianças nas Instituições da Boa Vontade —, quando da realização de seu 5º Fórum Internacional, em 2008:

São Francisco de Assis

Naturalmente, o Divino Mestre (quem chamava Jesus assim? Isso mesmo! São Francisco de Assis, o Patrono da Legião da Boa Vontade, o Santo do Ecumenismo) referia-se à **simplicidade de alma indispensável para o entendimento dos assuntos do etéreo**, porque, acima de tudo, somos Espírito, estando passageiramente na carne. Logo, temos de tratar muito bem o nosso corpo, visto que ele é a morada da Substância Quintessenciada que nos constitui. Por isso, **suicidar-se é um grande equívoco**, hein?! Você pensa que vai morrer e cessar de existir? Chegará ao Outro Lado e se descobrirá mais vivo do que nunca e com os seus problemas agravados pela falta que cometeu contra a Lei Divina.

O mal da soberba e da hipocrisia

A soberba é o principal inimigo dos soberbos, como também o é a hipocrisia em relação aos hipócritas, pois os impedem de encontrar dentro de si mesmos ou de si mesmas os maiores tesouros espirituais. Ou seja, eles são os primeiros a serem prejudicados. Jesus perdoava tanta gente, entretanto não dava colher de chá para os hipócritas. E o que Ele admoestava?

> — *Ai de vós, hipócritas!* (Evangelho, segundo Mateus, 23:23).

E advertia aos Seus Apóstolos e Discípulos:

> — *Livrai-vos do fermento da hipocrisia* (Boa Nova, consoante Mateus, 16:6).

Porque o hipócrita é um fingido, um mentiroso, um ingrato. Quem gosta de conviver com gente dissimulada? Trabalhemos com Fraternidade Ecumênica para que o soberbo e o hipócrita deixem de sê-lo, para o próprio bem dele ou dela. Caso contrário, ocorrerá o que está antevisto no Antigo Testamento, no livro de Provérbios, 16:18 e 19:

> *18* ***A soberba precede a ruína, e a altivez do espírito, a queda.***
> *19 Melhor é ser humilde de espírito com os humildes do que repartir o despojo com os soberbos.*

Se aparentemente prevalecem no mundo esses maus hábitos, eis que Jesus oferta Seu Sublime Alento ao revelar que **o Conhecimento Divino se apresenta aos que nutrem os bons sentimentos na Alma:**

> — *Naquela mesma hora, se alegrou Jesus em Espírito e exclamou: Graças Te dou, ó Pai, Senhor do Céu e da Terra, que escondeste estas coisas aos sábios e instruídos do mundo e as revelaste aos pequeninos. Sim, ó Pai, porque assim foi do Teu agrado* (Evangelho, segundo Lucas, 10:21).

Quer dizer, assim Deus considerou que seria melhor para todos.

Versos de Esperança

Abramos o livro *Poemas da Era Atômica* (1949), em que Zarur pincelou com vivas cores a benéfica contribuição de meninas e meninos na esperança de dias melhores em sociedade. Com vocês,

A criança ensina o homem

Crianças estão cantando
Em frente à minha janela!
Neste mundo miserando,
Pode haver coisa mais bela?

A alegria que redime
Vai por toda a vizinhança...

Não há nada mais sublime
Que o cantar de uma criança!

Quando vier a tempestade,
Ameaçando o seu lar,
Haja só Boa Vontade:
Uma criança a cantar!

Templo do Deus Vivo *versus* templo de satanás

Quando entendemos a natureza daqueles *"que se dizem apóstolos, e não são"*, fica evidente o motivo de Jesus referir-se a eles como *"templo de satanás"*. Ora, se manifestam falsa identidade nascida da mentira, só podem erguer altar e cultuar em si mesmos, sabendo disso ou não, aquele que fora denunciado pelo Cristo como o que se vale da impostura desde sempre:

> — ***Vós tendes por pai ao diabo*** *e quereis satisfazer os desejos de vosso pai. Ele foi homicida desde o princípio* ***e não se firmou na verdade, porque não há verdade nele****. Quando ele profere mentira, fala do que lhe é próprio,* ***porque é mentiroso e pai da mentira*** (Evangelho, segundo João, 8:44).

Não devemos nos limitar à compreensão folclórica daquele personagem chifrudo com rabo e um tridente à mão. Permanecer nesse pensamento só nos desvia dos sérios cuidados que precisamos tomar contra suas ciladas. Conhecer o sentido mais amplo do que satanás simboliza é de supina importância para nossa proteção espiritual e material. Por isso, Alziro Zarur explicou que satanás representa a

> — *soma de todas as maldades humanas. O dia em que o ser humano deixar de ser mau, satanás deixará de existir.*

Não é sem motivo que Jesus nos convoca a manifestar plenamente **todo o nosso potencial de Templo do Deus Vivo**. Todavia, se, pelo livre-arbítrio[58], que o Pai Celestial jamais viola, alguém escolher abrigar o templo de satanás em si, então haverá de prestar contas dos atos oriundos dessa decisão à infalível Lei de Deus. Nada mais, nada menos.

Entretanto, o final dessa história já é sabido: **a derrota de satanás é certa, diante da inequívoca vitória do Cristo**, conforme o capítulo 12, versículos de 7 a

---

[58] **Livre-arbítrio** — Paiva Netto, em seu livro *O Brasil e o Apocalipse*, volume terceiro (1996), discorre sobre o assunto: *"Cada um constrói o seu destino. Livre-arbítrio e determinismo coexistem. Ato algum deixa de ter consequência, neste e no outro mundo. O Pai Celestial nos dá a vida, nós criamos o nosso destino, bom ou mau, até que aprendamos, no transcorrer das existências sucessivas, o caminho eterno do Bem, que é Deus"*. Leia ainda o excelente capítulo "Deus, livre-arbítrio relativo e responsabilidade", da obra *Os mortos não morrem* (2018), do mesmo autor.

12, e capítulo 19 do Apocalipse. Não digo isso para menoscabar sua atuação, tampouco zombar dele, pois:

> — *satanás está desesperado, por saber que lhe resta pouco tempo* (Apocalipse, 12:12).

Se está encolerizado, vai querer provocar graves danos sempre que encontrar oportunidade. **Devemos nos resguardar espiritual e materialmente para não atrairmos sua nefasta ira.**

Em meus escritos, gosto de compartilhar como sugestão — para que mantenham a sintonia com os Poderes Celestes, capazes de derrotar qualquer ação ardilosa dos que ainda estão subjugados à maldade — esta elevada prece do Papa Leão XIII (1810-1903):

Papa Leão XIII

Oração a São Miguel Arcanjo

São Miguel Arcanjo,
Defendei-nos neste combate;
sede nosso auxílio
contra as maldades e ciladas do mal.
Instante e humildemente vos pedimos
que Deus sobre ele impere.
E vós, príncipe da Milícia Celeste,
com este Poder Divino,

precipitai no inferno a satanás
e aos outros espíritos malignos,
que vagueiam pelo mundo
para a perdição das Almas.
Amém!

Baixe o leitor QR Code,
fotografe o código
e acompanhe a oração.

COM JESUS, NÃO HÁ O QUE TEMER

[10] ***Não temas as coisas que tens de sofrer.*** *Eis que o diabo está para lançar em prisão alguns dentre vós, para serdes postos à prova, e tereis tribulação de dez dias. Sê fiel até à morte, e Eu te darei a coroa da vida.*

(Apocalipse, 2:10)

Chegamos ao que podemos considerar o cerne da mensagem aos habitantes de Esmirna. Estão gostando desse estudo, em Espírito e Verdade, à luz do Novo Mandamento do Cristo — *"Amai-vos como Eu vos amei"* (Evangelho, segundo João, 13:34)? Espero que sim.

Percebam que Jesus destacou antes algumas meritórias características dessa comunidade, enaltecendo, sobretudo, sua força. E alguém até indagaria:

— *Bom, eles estão completamente salvos?*

Não, pois ainda vêm outras provações. E Esmirna representa um período inicial daquelas perseguições todas, como veremos mais adiante. Todavia, o Cristo oferece um conforto que não achamos em nenhum outro lugar, com tamanha eloquência:

— ***Sê fiel até à morte, e Eu te darei a coroa da vida*** (Apocalipse, 2:10).

Profeta Amós

O Bondoso Pastor conhece Suas ovelhas e busca preveni-las das coisas que hão de ocorrer, conforme nos revelou o Profeta Amós, 3:7:

— *Certamente, o Senhor Deus não fará coisa alguma, sem primeiro revelar o Seu segredo aos Seus servos, os Profetas.*

Não podendo afastar de nós as provas — porque este é o mundo no qual nos encontramos —, **Jesus desperta no Seu Rebanho Ecumênico**[59] **a coragem tão necessária para enfrentar os tempos difíceis**, pois **Ele sabe da pujança espiritual, moral, que corre nas veias de Seus seguidores**. Quando estamos com

[59] **Formação do Seu Rebanho Ecumênico** — *"Ainda tenho outras ovelhas, que não são deste aprisco; a mim me convém conduzi-las. Elas ouvirão a minha voz. Então, haverá um só Rebanho para um só Pastor"* (Evangelho do Cristo, consoante João, 10:16).

Aquele que *"esteve morto e tornou a viver"* (Apocalipse, 2:8), **não há motivos para se ter medo de nada**. Se sucumbirmos ao receio do que poderemos carpir, estaremos perdidos. Zarur sabiamente dizia:

— *O medo é o ímã do azar.*

E ninguém deve se aturdir em face de circunstâncias adversas, porquanto são elas meios de se alcançar **a felicidade verdadeira**, que **consiste em cumprirmos na Terra aquilo que prometemos no Céu**. Não nos referimos à ideia de felicidade, que comumente se difunde por aí, pautada em uma satisfação construída sobre a fragilidade da matéria, ou ante as dores dos outros, como a miséria, a fome, o desrespeito às mulheres, às crianças, aos idosos, às pessoas com deficiência, e tantas violências étnicas, culturais e sociais cometidas mundo afora.

Façamos bom uso do tempo

Pessoal, **a Vida é um constante ensinamento, uma conquista diária**. O tempo segue seu curso e transcorrerá sempre. Não permitamos que ele escape pelos dedos por receio de coisa alguma. **Enquanto se teme, não se trabalha nem se cresce.** Aproveitemos as oportunidades de sobrepujar os desafios, com o amparo magnânimo de Jesus. Já estou com bastante idade e posso lhes dizer que, se tivesse fugido dos problemas e não persistisse diante do revés, estaria hoje envolto em profundo remorso e arrependimento. Costumo afirmar que **o tempo vai passar de qualquer maneira. Não o percamos. Gastemo-lo praticando o Bem.**

Na hora da dor, do sofrimento, se somos fiéis, **peçamos o amparo daqueles que nos escutam lá no Alto**, mas que se encontram, ao mesmo tempo, tão perto de nós, pois estão dentro da nossa Alma. Eles não se deixam enganar ou se iludir, nem são surdos às nossas preces. **Falemos com o Cristo interno e Ele certamente atenderá aos nossos apelos mais justos.**

O símbolo da mirra

Aproveito o ensejo para apresentar-lhes uma observação. Há estudiosos que atribuem a origem da palavra Esmirna ao termo mirra, aquela árvore que não dá fruto, nativa do nordeste da África e do sul da Arábia. O óleo extraído dela é de aroma agradabilíssimo, todavia de gosto amargo. E ela aparece algumas vezes na trajetória da Primeira Vinda Visível de Jesus.

Encontraremos menção a ela, por exemplo, como um dos presentes que o Menino Jesus recebeu dos reis magos que O visitaram após Seu nascimento: **ouro, incenso e mirra** (Evangelho, segundo Mateus, 2:11), sendo este último o símbolo do sofrimento pelo qual Ele passaria, como realmente ocorreu. Antes da Sua crucificação, chegando ao Gólgota, tentaram oferecer ao Cristo vinho com mirra, porém Ele recusou (Boa Nova, consoante Marcos, 15:23). Por que davam tal bebida amargosa aos condenados? Como a crucificação era um padecimento indescritível, embora muito aplicado pela justiça romana, poderíamos dizer que seria um ato de misericórdia no meio de tanta barbárie, porque o vinho com mirra deixava o martirizado um tanto quanto desacordado, como que anestesiado. Em outra passagem, Nicodemos levou um bálsamo composto por mirra e aloés, utilizado nos lençóis que envolveram o corpo do Salvador (Evangelho, segundo João, 19:39 e 40). E no trecho bíblico que citamos antes, as mulheres que acompanhavam Jesus foram ao túmulo com os aromas, comumente preparados também com mirra (Boa Nova, segundo Lucas, 24:1).

Ora, o que podemos notar? Que a mirra simboliza o sacrifício — igualmente uma característica do povo desta Igreja —, estando presente tanto no **Nascimento** (vida) quanto na **Crucificação** (morte) e na **Ressurreição** de Jesus (Vida Eterna), portanto uma representação desse ciclo natural vida-morte, que nada mais é do que dois lados da mesma moeda. O Cordeiro de Deus *"esteve morto e tornou a viver"* (Apocalipse, 2:8), porquanto a existência é ininterrupta e, **mesmo estando na Terra, vivemos a Vida Eterna**.

A PERMANENTE COMPANHIA DO CRISTO

Jesus nasce e renasce todos os dias nos corações de Boa Vontade. E igualmente volta, por antecipação, nas ações das criaturas que cultivam o Seu ideal no Bem. Portanto, o Divino Amigo está sempre conosco, vivo e atuante, como esteve desde o princípio das eras e eternamente estará — afinal, já vimos que **Ele é o Primeiro e o Último** (Apocalipse, 2:8). Daí proclamarmos o Seu Natal Permanente na Religião de Deus, do Cristo e do Espírito Santo, pois, **quanto mais houver a Presença Bendita de Jesus, menos espaço haverá para ódios e medos**.

Aproveito o ensejo para trazer-lhes um poema inspirador, de autoria da saudosa Legionária da Boa Vontade, de Salvador/BA, Maria Dolores (Espírito), que está sempre por perto, com sua vibração inconfundível, porque os mortos não morrem! Ela transmitiu esses versos pela psicografia do também Legionário da Boa Vontade Chico Xavier. Eles dizem respeito às transformações provocadas na sociedade sob a Divina Influência do Mestre Amado, quando cooperamos com o tempo e não nos queixamos das labutas diárias. Recordemo-nos de que **o Celeste Amigo jamais nos abandona, sobretudo, na hora das intempéries**. Vale destacar, por oportuno, este pensamento atribuído a Abraão Lincoln (1809-1865):

Abraão Lincoln

— *Quem decide parar até que as coisas melhorem, verificará, mais tarde, que aquele que nunca parou, e colaborou com o tempo, estará tão distante, que jamais poderá ser alcançado.*

Apresentei as referidas estrofes no Natal de Jesus de 2003, pela Super Rede Boa Vontade de Rádio, com alguns comentários que vêm ao encontro das nossas reflexões sobre a Carta do Cristo à Igreja em Esmirna. Vamos ao texto da querida Maria Dolores, pseudônimo de Maria de Carvalho Leite (1900-1959):

Presença do Natal

[1] SENHOR Jesus!
Ante o Natal que reaparece,
Temos o coração no júbilo da prece,
Ao trazer-Te, Senhor, a nossa gratidão;
Toda a Terra de hoje é um caminho de luz,

A Ciência desvenda as estradas de acesso
À verdade, à beleza, ao poder e ao progresso,
Orientada em Tua inspiração.

2 *Cada cidade é um mundo resplendente*
Onde a cultura se revela e cria
Lares de reconforto e de alegria
Ao toque de clarão renovador;
O minério, trazido ao forno ardente,
Obedece e desfaz-se em estruturas de aço,
Foguetes e satélites no Espaço
Mostram que a Terra é um ninho de esplendor.

3 *Toda pesquisa eleva-se ao Mais Alto,*
O cérebro refulge, a máquina domina,
A onda inteligente é de origem divina,
Chamando-nos à paz, ao trabalho e à união;
Da transmissão sem fio ao trânsito no asfalto,
Da vacina que salva aos dons da anestesia,
Toda a transformação terrestre principia
A conquistar mais brilho em forma de ascensão.

4 ***Mas, acima de tantos privilégios,***
Em que a bênção de Deus nos põe à prova,
Perante a evolução que nos renova,
Ampara-nos, Senhor,
A fim de que a humildade esteja em nossas vidas,
Para estender, na luz que nos trouxeste,

A força da bondade e o socorro celeste,
Construindo na Terra o Teu Reino de Amor.
(Os destaques são de Paiva Netto.)

ADENDO

Maria Dolores

Nascida Maria de Carvalho Leite (1900-1959), em sua biografia escrita por Luciano Napoleão da Costa e Silva, encontramos a seguinte narrativa:

> *A biografia desta maravilhosa Irmã é desconhecida por todos. Temos absoluta certeza de que a publicamos em primeira mão. Chico Xavier, que a recebe através de sua psicografia, conhece poucos detalhes de sua vida terrena. Maria Dolores era o pseudônimo da poetisa Maria de Carvalho Leite, nascida na cidade de Bonfim da Feira/BA, em 10 de setembro de 1900. Desencarnou em Salvador/BA, no dia 27 de agosto de 1959.*
>
> ***Quando Alziro Zarur fundou sua Legião da Boa Vontade, ela foi membro integrante****, devotando-se à caridade nos bairros pobres de Salvador, onde era conhecida e querida pela sua bondade e pelas campanhas que promovia. No Natal e no Dia das Mães, fazia farta distribuição*

> *de alimentos, agasalhos, remédios, brinquedos etc. Seu grupo organizado* [é Legionária da Boa Vontade] *era conhecido com o nome de Mensageiras do Bem. Sua bondade fazia com que se desvencilhasse de objetos pessoais, inclusive joias, para ajudar aos mais necessitados. Sua maior tristeza foi não ter sido mãe, mas a Providência Divina se encarregou da alegria que teve ao adotar seis meninas.*
>
> *Em 1959, quando seu companheiro se encontrava na Itália, Maria Dolores, sentindo-se mal, foi levada às pressas, por uma de suas amigas, ao Hospital Português, onde, não resistindo aos padecimentos impostos pela doença tuberculose galopante, em menos de uma semana, desencarnou.* ***Seus restos mortais foram levados para a Casa da Tia Sara, sede da Legião da Boa Vontade em Salvador, que ela tanto amou e tanto ajudou.***
>
> (Os destaques são de Paiva Netto.)

Amparo Bendito e Fé Realizante

O Socorro Celeste se expande à nossa volta se honrarmos a Presença Luminosa do Natal de Jesus, *"construindo na Terra o Teu Reino de Amor"*, conforme versejou Maria Dolores. Nas minhas horas de embate

— que não são poucas —, não vivo me lamentando: **a todo momento recorro a este Amparo Bendito e vou trabalhar com as ferramentas da Fé Realizante**! Cada um de nós foi convocado por um Poder Superior e está sendo posto à prova. O que o Santo Pegureiro nos diz em Seu Evangelho?

> — *(...) Àquele a quem muito foi dado, muito lhe será exigido; e àquele a quem muito se confia, muito mais lhe pedirão* (Boa Nova, segundo Lucas, 12:48).

E, graças a Deus, muitos já estão compreendendo essa realidade. Que aprendamos, de uma vez por todas, a amplíssima lição do Natal Permanente do Cristo, que não deve ser celebrado somente no 25 de Dezembro! **Que a Divina Esperança, que o nascimento do Menino Jesus representa, brilhe todos os dias do ano, distribuindo o Pão Vivo que desceu do Céu para matar a fome espiritual e material do povo que padece!** O Sublime Benfeitor assim assevera, fazendo alusão ao que revelou desde o Antigo Testamento:

> — ***Nem só de pão viverá o homem, mas de toda a palavra que provém de Deus*** (Evangelho, consoante Mateus, 4:4).

Necessitamos diariamente do alimento perecível — arroz, feijão, trigo, batata, salada, carne... —, mas carecemos também dos **nutrientes da Alma**, que precisa ser saciada sob **o clarão do Espírito Esclarecido pela Força de Deus**. É assim que nos prepararemos para os embates da existência, contando com o indispensável auxílio do Exército Invisível que nos cerca e não foge à luta quando requisitado por nós.

Nossos Amigos Espirituais desejam participar ativamente das lides cotidianas, conforme aprendemos com o Espírito Joaquim Evilásio Coelho (1905-1968), o decano dos Embaixadores da Boa Vontade, que, em 17 de abril de 1993, pela sensitividade de Chico Periotto, fez importantíssimo apelo. Leiamos alguns trechos:

Corrente da Voltagem Divina

Voltamos a repetir que vocês devem em suas preces lembrar-se de nós, os Espíritos [de Luz], ***porque nós não nos esquecemos de vocês****. (...)*

Liguem-se na tomada espiritual, ***porque a Corrente da Voltagem Divina fará prodigiosos e grandes tentos*** *para a Glória do Mestre Jesus.*

Numa esfera de colaboração frequente, estamos fazendo preces por suas vitórias. (...)

Quero dizer-lhes que ***o nosso encontro é constante, permanente****, e não podemos admitir Equipes desunidas.*

Aproveitem nossas presenças e redobrem as metas, que vocês irão alcançar.

Fica a nossa exortação e a presença nas tarefas de todos.

Por favor, por favor, por favor e por favor, nos recebam. Estamos aqui para ajudá-los.

Jamais dispensemos tão imprescindível socorro que provém do mais Alto.

O Socorro Celeste se expande à nossa volta se honrarmos a Presença Luminosa do Natal de Jesus, *"construindo na Terra o Teu Reino de Amor"*, conforme versejou Maria Dolores. Nas minhas horas de embate — que não são poucas —, não vivo me lamentando: a todo momento recorro a este Amparo Bendito e vou trabalhar com as ferramentas da Fé Realizante!

HOMENAGEM AOS GUERREIROS DE DEUS

Deus nos põe à prova, porque deseja que cresçamos. Quanto mais difícil o obstáculo, maior a vitória, mais ela está acontecendo, mesmo que não a percebamos. E à medida que os seres humanos vencem as dificuldades presentes, mais se fortificarão para suplantar as dores, principalmente nas horas apocalípticas, que já estão forçando a frágil porta do mundo desatento. Era o que ocorria com os Irmãos de Esmirna: quanto mais eram testados, mais permaneciam firmes nos Preceitos Crísticos que abraçaram, não permitindo em seu meio titubeios na Fé. É o exemplo do ouro e da prata que passam pelo fogo para eliminar suas impurezas.

O Pai Celeste coloca ao nosso dispor todo o instrumental necessário para Nele se alcançar a glória. As nossas sinceras homenagens a todos esses Guerreiros do Mundo Espiritual Superior, que nos acompanham e estão em toda a parte. Hoje são eles lá e nós aqui, mas amanhã os lugares se invertem. Sintam-se representados na figura ilustre do Dr. Bezerra de Menezes (Espírito), que, em 19 de julho de 2014, disse:

> — *Não podemos tirar a prova de ninguém. Isso não podemos. Não temos essa capacidade. Mas podemos ajudar vocês a levá-la, atenuando-a, melhorando-os, deixando-os mais capazes.* ***Lembremo-nos de que, passada a prova, vem a bonança. Sejamos servos humildes em reconhecer que Deus nos dá tudo, tudo!***[60]

Então, é preciso **juntar as capacidades humanas às dos Espíritos de Luz**, porquanto **o governo da Terra começa no Céu**. E mais: a reforma do social vem pelo espiritual. É a União consciente das Duas Humanidades — a da Terra com a do Espaço, que promove isso que a saudosa Maria Dolores afirma:

> *Toda pesquisa eleva-se ao Mais Alto,*
> *O cérebro refulge, a máquina domina,*
> *A onda inteligente é de origem divina,*
> *Chamando-nos à paz, ao trabalho e à união.*

60 Essa e outras extraordinárias reflexões do caridoso Amigo Espiritual Dr. Bezerra de Menezes, pela sensitividade do Cristão do Novo Mandamento Chico Periotto, você encontra no livro *Páginas de Esperança — Espiritualidade, Família e Evangelho-Apocalipse de Jesus* (2018), publicado pela Editora Elevação.

O que somos impelidos a lembrar? De que forma se dará a Volta Triunfal do Supremo Governante ao orbe que Ele criou?

— *Eis que Jesus vem com as nuvens (...).*
(Apocalipse, 1:7)

E o que fazemos nós naquela hora? **Olhamos para cima e somos arrebatados. Nosso pensamento atinge o ápice de seu fulgor e vislumbramos o Retorno Magistral do Mestre...** Transcendendo o sentido literal, **Ele está espargindo Seu esclarecimento e conforto às criaturas necessitadas de conhecer a Verdade de Deus.** E aí a Ciência ficará iluminada, e também a Política, a Religião, a Filosofia, a Economia, a Arte, o Esporte, enfim, todos os campos do saber espiritual-humano, para que nenhum deles seja motivo de guerra ou de extermínio. Uma vez que mantida a intelectualidade afastada do Afeto Celestial, não há como fomentar efetivo progresso.

Sem Jesus, nada feito!

Não tema a crise. Ela passa, você fica

***Academia Jesus, o Cristo Ecumênico, o Divino Estadista** — Em* O Capital de Deus, *Paiva Netto* *registrou esta reflexão para todos nós, cujos trechos ele antecipou aos seus estimados leitores em formato de artigo na imprensa brasileira e mundial, e em sua obra* A Esperança não morre nunca *(2020):*

O que é a crise senão ensejo disfarçado de infortúnio? Digo, há décadas, que obstáculos são prêmios de Deus à nossa inteligência, estímulos para quem não abdica das realizações que lhe vêm justificando a existência, dando sabor à vida. É quando melhor se pode exercer o talento. **Todo revés traz em si próprio a solução**, ensina a vetusta e experiente cultura oriental. **Lamentar nada constrói.** Temos de combater o desânimo, sem iludir a multidão. Se desolados, homens e nações quedam-se indefesos ou levantam-se em revolta.

Costumo dizer que **é nos momentos de crise que se forjam os grandes caracteres e surgem as mais poderosas nações**. (...)

Disposição inquebrantável é a resposta apropriada a qualquer crise. **Quando permanecemos com Deus, até a desventura se mostra o instante mais propício para criar.**

Há quem passe anos esperando o pior. Só isso é motivo para a pessoa cair doente. Por que não almejar o melhor e trabalhar por ele? De mais a mais, em correspondência de 18 de abril de 1816, Thomas Jefferson (1743-1826), principal autor da declaração de independência dos Estados Unidos, alerta-nos sobre o perigo de sofrer por antecipação:

Thomas Jefferson

— *Quanto nos custaram os males que nunca aconteceram!*

E ainda há um antigo provérbio russo que aconselha:

— *Confie em Deus, mas continue nadando para a praia.*

O bom combate nos permite a valiosa chance de progredir.

Não nos esqueçamos de que **Jesus, Ecumênico por excelência, jamais entra em crise**. Supliquemos, pois, a **Sua indispensável proteção**.

* * *

Arregacemos as mangas e vamos em frente, porque Deus Está Presente! E Jesus vive em nossos corações para sempre!

A TRIBULAÇÃO TEM PRAZO DE VALIDADE

***Academia Jesus, o Cristo Ecumênico, o Divino Estadista** — O Presidente-Pregador da Religião do Terceiro Milênio nos lembra a todo momento que, mesmo que um sofrimento possa parecer eterno para aqueles que o atravessam, ele chega ao fim. Nenhuma dor perdura para sempre. Com isso, nos conforta ao afirmar que, por mais excruciante que ela seja, passa.*

Paiva Netto certa vez definiu a **dor** *como* **"poderosa locomotiva que puxa os vagões da Vida no rumo de Deus"**. *Sigamos atentos aos seus ensinamentos:*

Bem, estamos examinando o Apocalipse de Jesus para os Simples de Coração, capítulo segundo, versículo décimo. Vejamos o que Jesus nos revela no seguinte trecho, retomando de onde paramos:

> — *(...)* ***Eis que o diabo está para lançar em prisão alguns dentre vós, para serdes postos à prova, e tereis tribulação de dez dias.*** *(...)*
>
> (Apocalipse, 2:10)

Falamos anteriormente a respeito da figura do diabo, mas não custa reiterar essa ampla definição feita pelo saudoso Irmão Zarur:

> — *é a soma de todas as maldades humanas. O dia em que o ser humano deixar de ser mau, satanás deixará de existir.*

Nesse contexto, ele significa as forças tardias que permanentemente se indispõem contra os vanguardeiros, porque apenas um ignorante espiritual, seja homem ou mulher, pode opor-se à Divina Luz que existe para dissipar as trevas. Então, satanás é tudo aquilo que queira atrasar a marcha do Amor de Deus.

As provações da Vida

Quando Jesus nos alerta nesse ponto em questão, Ele não está somente se referindo ao cárcere, ao emparedamento. Naquela época, não era como hoje, em que há penitenciárias que detêm indivíduos a fim de cumprirem um tempo de pena após o julgamento. Quase sempre, a prisão era um intervalo de espera antes de a pessoa ir para a execução de seu juízo — em geral, a morte.

Então, raciocinando por analogia, transcendendo o sentido estrito que se aplicaria a alguns contextos daqueles primeiros séculos, podemos considerar esta como qualquer tentativa ardilosa da representação do mal (diabo) em restringir a ação (prisão) dos seguidores do Caminho, imputando-lhes um período de padecimento (provas). Ou seja, é ser jogado por esse infeliz opositor do Cristo nas maiores tentações do mundo e ainda assim sobreviver no testemunho a Ele. **Tenham certeza de que nem aos fiéis de Esmirna no passado nem a nós faltarão as Ferramentas da Espiritualidade Ecumênica para o triunfo da Verdade de Deus.**

Essas grades estão em todos os lugares, eventualmente se erguendo a partir de recalques que se interpõem na caminhada dos que visam promover a felicidade de povos e nações. Somos dia após dia testados. Às vezes, você cai em reprovação, mas nem sequer se apercebe disso.

Quer ver um exemplo que parece simples, mas acontece? Alguém sai por aí e se depara com uma situação adversa, que causa aborrecimento ou desagrado: pronto, já virou um prisioneiro daquele sofrimento momentâneo. Mesmo na ânsia de seguir em frente, está agrilhoado àquele entrave, que se tornou tamanho, exigindo uma força de espírito para libertar-se dele. Quem nunca passou por algo assim?

Mas aquele que persevera em uma causa justa vence tudo. Jesus garante isso a toda hora. Busquemos, portanto, **a obstinação no Bem**. E que ninguém procure justificativa dissimulada para apresentar ao Cristo, com o intuito de fugir às responsabilidades assumidas perante o Pai Celestial. **O grande drama é chegar ao Outro Lado com as mãos vazias.** Não haverá argumento para a inoperância de ociosos, covardes, causadores da morte em vida de tanta gente que reencarnou na crença de que teria o seu apoio por toda aquela jornada.

> — *Ah, tentei, mas a dificuldade foi tão grande que tive de abandonar.*

Será que persistiu de todas as formas possíveis e impossíveis? Reflita sobre isso, minha Irmã, meu Irmão. Só você pode analisar seus próprios atos. No entanto, saiba que **ninguém é capaz de enganar a Deus, a Jesus e aos Mentores Espirituais**. Quem tentar vai quebrar a cara ou as pernas quando bater lá no fundo do poço. O abismo está aparentemente longe, mas lá vem ele, vai passar aí e arrancará todo esse carnicão da podridão humana.

Há um Comando Espiritual dirigindo essa humanidade renitente. E ainda que não houvesse, de que vale a consciência? Não serve para nada, não? Duvido. Um dia, ela começa a martelar até a cabeça não aguentar mais. Você deixará chegar a esse ponto? Para o nosso bem, a Lei Divina existe e ela desnuda as criaturas. Apareceremos espiritualmente nus uns diante dos outros. Claro que não se refere à ausência de roupa material, porém à demonstração pura dos nossos defeitos e das nossas qualidades. Portanto,

> — *continue o injusto fazendo injustiça, o imundo ainda sendo imundo; o justo permaneça na prática da justiça, e o santo a santificar-se* (Apocalipse, 22:11).

Jesus, que abomina a injustiça, está, com isso, incentivando as pessoas a se perderem? É claro que não! Pelo contrário, Ele as está convidando a agirem com verdade e se revelarem, reconhecendo honestamente suas próprias limitações, para que se corrijam e se aperfeiçoem, mas não se achem superiores a ninguém.

Perceber a limpeza espiritual que o Cristo espera que façamos em nós mesmos, por mais desafiadora que seja, é conduzir-se com dignidade e não permitir que a soberba ou a arrogância se transformem nas nossas piores cadeias. Porque os agentes das trevas estão vasculhando as oportunidades para nos levar ao cárcere espiritual.

Se fizermos o que o Sublime Pastor espera de nós, e que Lhe prometemos antes de reencarnar, tudo teremos para sermos verdadeiramente felizes, porque, **com Ele, venceremos todas as dificuldades**.

O TEMPO PROFÉTICO

O versículo décimo do capítulo segundo do Apocalipse ainda nos fala de uma **tribulação de dez dias**. O que isso representa? Diversos estudiosos do texto bíblico recorrem ao livro de Ezequiel, 4:7, para decifrar o tempo expresso nessa admoestação do Cristo. Diz o Profeta:

Profeta Ezequiel

— *Quarenta dias te dei,* ***cada dia por um ano*** *(...).*

Então, estaríamos diante de um período de dez anos de imensas adversidades. No entanto, precisamos analisar e entender a Profecia em Espírito e Verdade, à luz do Novo Mandamento de Jesus — jamais na sua forma literal, ou *"ao pé da letra que mata"*[61].

[61] Segunda Epístola de Paulo aos Coríntios, 3:6.

Leiamos as reflexões do pioneiro líder adventista e reconhecido estudioso das Escrituras Sagradas Uriah Smith (1832-1903) acerca desse ponto:

> — *Seria difícil compreender esta linguagem, supondo que estas mensagens não fossem proféticas, porque nesse caso apenas podiam ser significados dez dias literais. E não é provável que uma perseguição de dez dias, ou de uma única igreja, constituísse assunto de profecia. Nenhuma menção de um caso de tão restrita perseguição se pode encontrar. Por outro lado, compreendendo esta perseguição como alguma das notáveis perseguições daquele período, que propósito haveria em se referir ao destino de uma igreja apenas? Todas as igrejas sofreram perseguição. Portanto, que propósito haveria em destacar uma, com exclusão das restantes, como única envolvida em tal calamidade?*

Realmente, Uriah. **Jesus está chamando a atenção não só de Esmirna, mas de todos os que amam e vivem os Preceitos Universais Crísticos, espalhados por todas as eras e culturas, para determinados períodos de perseguição mais intensa, pois a Profecia extrapola o Espaço-Tempo restrito.**

Claro que igualmente serve para a época em que foi revelada. Por exemplo, muitos intérpretes do Último Livro do Cânone Sagrado, incluindo o Uriah Smith, enxergam que essa antevisão também tenha se cumprido entre os anos 303 e 313, quando o imperador Diocleciano (aprox. 243-311) baixou um édito que ordenava a destruição de livros e ambientes de devoção cristã, somando-se a esse outros decretos posteriores. Isso resultou no massacre de milhares de seguidores do Caminho, especialmente nas províncias da Ásia. Não se tratava da primeira hostilidade sofrida pelos cristãos, entretanto nesses dez anos a violência se destacou por sua força descomunal, a ponto de entrar para a História como "A Grande Perseguição".

Com a promulgação do Édito de Milão, no ano de 313, Constantino (aprox. 272-337) estabelecia a neutralidade do Império Romano quanto a credos religiosos, admitindo, com isso, a legitimidade do Cristianismo. Dois anos antes, Galério (aprox. 250-311) emitira o Édito de Tolerância, que reconhecia o fracasso da política de tentar erradicar os adeptos do Cristo.

Os ciclos espaço-temporais

Não precisamos ficar preocupados em adivinhar quando esses dez anos se repetirão, satisfazendo muitas vezes leviana curiosidade. **A Sabedoria Divina é revelada aos Simples de Coração e Deus ampara,**

protege e prepara cada um dos Seus filhos para os fatos que hão de se dar.

Já nos aprofundamos bastante acerca do amplíssimo significado do Espaço-Tempo de Deus, que difere largamente das limitadas compreensões humanas. Sugiro que leiam o capítulo "A questão espiritual do tempo", constante de minha obra *Jesus, o Profeta Divino* (2011). Gostaria, entretanto, de transcrever ilustrativa explicação do saudoso Irmão Zarur — que assegurava que *"nenhum Legionário de Deus será apanhado de surpresa"* — a respeito dos ciclos proféticos, contribuindo para o entendimento de que **a Mensagem de Jesus** não se encerra no tempo humano, mas se trata do **Referencial Divino que conduz a História**.

Com a palavra, o Proclamador da Religião do Terceiro Milênio, no dia 5 de abril de 1969, durante memorável Cruzada do Novo Mandamento de Jesus:

> *A Revelação do Apocalipse não é uma só. Ela é progressiva, acompanha o desenvolvimento da humanidade.* ***O Apocalipse é a pedra de toque.*** *Vamos logicar: Jesus dirige-se a João quando ele tinha 94 anos de idade, e lhe dá o Apocalipse, e essa Revelação seria válida somente até à época do Império Romano? Teria lógica? Então por que teria dito Jesus: essa geração não sairá da Terra até que tudo se cumpra? Aí está a prova da reencarnação.* ***Estamos vivendo os momentos sobre os quais Jesus falou através***

de João e, agora, em virtude de Sua grande Caridade, por intermédio da Religião de Deus.

Estamos no final do ciclo. Trata-se de um pequeno ciclo dentro de um grande, porque a evolução ocorre em pequenos ciclos dentro de um grande ciclo. *No primeiro, aconteceu tudo o que Jesus previu no Apocalipse (para aquela época) com uma precisão matemática. Muitos pensam que o Livro das Profecias Finais totalmente já se cumpriu na época do império dos césares e dizem que ele está superado. Enganam-se os que assim pensam. E como a Religião de Deus enxerga mais além, mostrou que* ***o Apocalipse se repete em pequenos ciclos.***

A tribulação chegará ao fim

Minhas Amigas e meus Irmãos, minhas Irmãs e meus Amigos, toda **a humanidade será testada, todavia não estará sujeita a um sofrimento perpétuo, pois a tribulação terá o seu término**. As Igrejas da Ásia passaram por suas provações, consumando-se na Igreja do Fim dos Tempos, que é Laodiceia (Apocalipse, 3:14 a 22). Ela representa o período que o planeta está vivendo agora, visto que cada uma também corresponde a ciclos proféticos que se repetem. **Mas nos concentremos em conquistar o prêmio que Jesus promete a Suas Igrejas.** A Lei do Cristo é clara: *"a* *cada um de acordo com as suas próprias obras"*[62]. Logo, seja no tempo que for, o veredito bom ou ruim virá a partir da afinidade que estabelecermos com essas comunidades em análise, que são verdadeiras escolas iniciáticas. **Peçamos a Deus que estejamos sempre na frequência espiritual da Igreja de Filadélfia, a do Amor Fraterno.**

Jesus está chamando a atenção não só de Esmirna, mas de todos os que amam e vivem os Preceitos Universais Crísticos, espalhados por todas as eras e culturas, para determinados períodos de perseguição mais intensa, pois a Profecia extrapola o Espaço-Tempo restrito.

[62] Evangelho de Jesus, segundo Mateus, 16:27.

O PRÊMIO DA FIDELIDADE A JESUS

Meu Deus, em uma hora de incomparável tormento, quem pode nos apontar um norte sobre como agir para que sobrevivamos? O *"Primeiro e o Último"* — Aquele *"que esteve morto e tornou a viver"* — nos revela com todo o Seu Poder e Sua Autoridade Divina:

> — ***Sê fiel até à morte, e Eu te darei a coroa da vida*** (Apocalipse, 2:10).

Esse é o ápice, o clímax desta fraterna Mensagem de Jesus à Igreja em Esmirna, o eixo gravitacional em torno do qual toda essa Luminosa Carta orbita. É o segredo do nosso sucesso. Tudo se conecta e tem uma razão de ser. **Jesus, conhecendo passado, presente e futuro, estando no Princípio e no Fim, permaneceu fiel a Deus, mesmo diante da Sua pior dor, isto é, até à morte. E recebeu do Pai Celestial a coroa da vida ao ressuscitar, derrotando *"o último inimigo a ser vencido"*,** no dizer de Paulo Apóstolo (Primeira Epístola aos Coríntios, 15:26). Então, o Divino Crucificado sabe o que está nos recomendando. Não se dirige à humanidade apenas de um ponto de vista teórico, mas se ancora no saber prático de Quem enfrentou e venceu tudo o que a maldade humana indignamente Lhe impôs. Queremos maior exemplo de triunfo para nos inspirar?!

O Irmão Zarur afirmava a respeito desse versículo apocalíptico em análise:

> — *É a recompensa que, na Espiritualidade Superior, Jesus reserva aos verdadeiros cristãos, aqueles que verdadeiramente O amam.*

Ser fiel não é postura de compadrio, de gente desfrutável, leviana, que se deixa levar por situações passageiras, desanimando ante os dramas da vida, que todos enfrentam. **A Fidelidade a Jesus é uma tremenda força da Alma**, que — diante das maiores lutas, quando tudo tenta convencer o ser humano a desistir — faz nascer dentro dele a necessária *"insistência, persistência e obstinação no Bem"*, como generosamente nos incentivou o Dr. Bezerra de Menezes (Espírito), em determinada ocasião, e que publiquei na revista JESUS ESTÁ CHEGANDO![63], edição 121 (março de 2015).

---

[63] **Revista JESUS ESTÁ CHEGANDO!** — Em 27 de fevereiro de 1982, Paiva Netto lançou a sua primeira edição, durante o Congresso do Amor Universal, realizado em Campinas/SP, Brasil. A publicação não só

Perseverança tem de ser 100%

Conforme afirmei durante a série radiofônica "Leis de Amor", no dia 25 de abril de 1986: **nós temos que perseverar até o fim e além do fim**. Não adianta ser fiel ao Divino Mestre 99,9999999999999%. **Tem de ser até 100%**, para a nossa própria felicidade.

Não podemos "morrer na praia", minha gente! Milênios e milênios temos seguido caminhos de luta, às vezes tortuosos por causa dos nossos enganos. No entanto, também buscamos nos conduzir pela porta estreita (Boa Nova, segundo Mateus, 7:13 e 14), que ao final se abre em uma amplidão chamada Deus.

Ao alcançarmos esse destino abençoado, passamos a **mergulhar no mar universal do Amor Divino**. E aí crescemos em Ciência, Política, Filosofia, Economia, Religião, Arte, Cultura, Educação, em todos os sentidos do progresso espiritual. Porque a Palavra do Cristo é esta:

— *Não há nada oculto que não venha a ser revelado* (Evangelho, segundo Lucas, 8:17).

---

marcou o começo de uma nova etapa de desenvolvimento doutrinário da Religião de Deus, do Cristo e do Espírito Santo, como também se tornou, nos anos seguintes, fundamental veículo da Comunicação 100% Jesus. Acesse www.JesusEstaChegando.com.br.

Todavia, **é necessário que sejamos humildes perante Deus**, porque aí **Ele se revelará em toda a Sua grandeza.**

Como escrevi no encerramento do prefácio que fiz para o livro *Jesus, Zarur, Kardec e Roustaing, na Quarta Revelação* (1984):

Sursum corda! Sursum corda! **Elevemos os nossos corações, purifiquemos os nossos atos, sejamos simples, mas operosos instrumentos do Cristo, no maravilhoso serviço de derrubar as bastilhas que separam os seres humanos, no glorioso momento em que vão cair as barreiras que separam a Humanidade de Cima da humanidade de baixo.**

Jesus Está Chegando!

Palavras Santas com destino certeiro: o coração

Recordem-se daquilo que já lhes disse: o Divino Mestre, ao endereçar a Sua Sublime Missiva à dedicada comunidade de Esmirna, visou dialogar com aspectos geográficos, históricos e culturais de grande estima daquela população. Pois bem, há estudiosos do Último Livro da Bíblia Sagrada que destacam que este trecho pode se referir a duas características marcantes da cidade.

O primeiro quesito é a **fidelidade**. Esmirna era reconhecida por ser uma das províncias mais leais a Roma, a ponto de o famoso orador Cícero declarar que ela era:

— *a cidade de nossos aliados mais fiéis e antigos.*

E o segundo tema é **geográfico**: sua localização ficava em uma encosta em torno da baía que abraçava o mar Egeu. O local mais elevado era o monte Pagos, com mais de 170 metros de altura, formado por belos edifícios em seu topo. Com base nesse cenário pitoresco, surgiu uma expressão muito popular, da qual os seus cidadãos tinham orgulho: "a coroa de Esmirna". Da perspectiva de quem chegava de barco e via aquele belo quadro combinando terra e água, causava essa impressão com os prédios em volta do cume da montanha como se fossem diademas. Então, isso era muito difundido.

O que podemos disso depreender? Reconhecendo a virtude da fidelidade de Esmirna, Jesus busca empregá-la como alicerce da resistência desse povo em face dos graves desafios que viriam pela frente, até mesmo se isso significasse a própria morte. O Rei dos reis, Senhor dos senhores, coroado pela maldade humana com uma sórdida peça de espinhos, promete recompensar o esforço, a luta, a perseverança inabalável, não com um adorno de metal, porém com **a maior glória para um Espírito que progride com a consciência tranquila do dever bem cumprido: o prêmio da Vida Eterna**.

Compreendemos que o Sábio dos Milênios não lança palavras vãs, mas procura chegar ao coração das ovelhas dos inúmeros redis espalhados pelo mundo, respeitando e valorizando suas particularidades. **O Ecumenismo que aprendemos com o Senhor da Paz realmente não significa despersonalização**[64]**.** Deus confiou **todas as Almas** ao generoso pastoreio do Cristo.

Nós O vimos agir com essa atenção ímpar em todo o Seu Ministério Crístico. Um exemplo? De tantos que existem, escolhemos este:

> 16 *Caminhando Jesus junto ao mar da Galileia, viu dois irmãos, Simão Pedro e André, que lançavam as redes ao mar, porque eram pescadores.*
> 17 *E disse-lhes: Vinde após mim, e* ***Eu vos farei pescadores de Almas****.*

[64] **Ecumenismo não significa despersonalização** — Oportuno se faz reproduzir trecho de artigo que Paiva Netto publicou em 1987, na *Folha de S.Paulo* e anteriormente no *Jornal da LBV* de 1984: *"Quando falamos na* ***união*** *de todos pelo bem de todos, alguns podem atemorizar-se, pensando em capitulação de seus pontos de vista, na enfadonha planura de uma aliança despersonalizada, o automatismo humano deplorável. Não é nada disso. Na Democracia Divina, todos têm o* ***dever*** *(muito mais que o direito) de — honestamente (quesito básico) e com espírito de tolerância (outro quesito básico) — enunciar suas ideias, sua maneira de ver as coisas"*. Leia mais sobre o assunto em "Os Quatro Pilares do Ecumenismo", no primeiro volume das *Sagradas Diretrizes Espirituais da Religião de Deus, do Cristo e do Espírito Santo* (1987).

> [18] *Então, eles imediatamente deixaram as redes e O seguiram.*
>
> (Evangelho, segundo Marcos, 1:16 a 18)

Com esses simples, mas precisos dizeres, somados à Sua arrebatadora Autoridade Espiritual, Jesus despertou naqueles dois pescadores a honrosa missão pela qual dariam suas próprias existências: **lançar uma rede muito mais poderosa do que a que estavam acostumados e que salvaria incontáveis vidas até os dias atuais — a Palavra de Deus.**

A Comunicação 100% Jesus é essa Rede Sublime que continua diuturnamente pescando vidas e Almas para Deus! Ela cumpre o *"Ide e pregai"* do Eterno Pastor, levando em conta a Sua determinação:

> — *O que vos digo às escuras, dizei-o a plena luz; e o que vos digo ao ouvido, proclamai-o dos telhados das casas* (Evangelho, consoante Mateus, 10:27).

NOSSO COMPROMISSO É COM O CRISTO

O Cristo Ecumênico, o Incomparável Estadista, não fez essa convocação para segui-Lo, que apresentamos no capítulo anterior, apenas aos irmãos Pedro e André. **Jesus está chamando diariamente todos nós a vivenciarmos Seus Ensinamentos Divinais**, tão bem retratados naquela magnífica página do Espírito Emmanuel — **Jesus Está Chamando** —, pela mediunidade de Chico Xavier, que o saudoso Irmão Alziro Zarur magistralmente interpreta na *Mensagem da Ave, Maria!*[65]. Registro aqui a sua conclusão:

> — *Desde a primeira hora do Apostolado Divino, Jesus está chamando cooperadores para o serviço de extensão do Reino de Deus neste mundo (...).* ***Para***

[65] Para assistir à interpretação magistral que o Irmão Zarur fez da referida página, baixe o leitor QR Code, fotografe o código e acompanhe.

onde segues, Irmão? Jesus, por nós, se imolou na cruz. Que é que fazemos nós por Ele?

(O destaque é de Paiva Netto.)

Quando empenhamos nossa palavra a Jesus, estamos com Ele tomando uma responsabilidade seriíssima, com a qual não podemos falhar. Por isso, temos, há décadas, o seguinte lema, que mencionamos antes: **valentia, na Religião de Deus, do Cristo e do Espírito Santo, é assumir um compromisso com o Bem e levá-lo honrosamente até o fim e além do fim.**

É o que encontramos nestas instruções de Pedro Apóstolo, constantes da sua Primeira Epístola, 4:12 a 19, quanto aos imaculados deveres daqueles que se incumbem de tarefas designadas pelo Chefe Supremo deste planeta:

> 12 *Amados,* ***não estranheis o fogo ardente que surge no meio de vós, destinado a provar-vos,*** *como se alguma coisa extraordinária vos estivesse acontecendo;*
>
> 13 *pelo contrário, alegrai-vos na medida em que sois copartícipes dos sofrimentos do Cristo, para que também, na revelação de Sua glória, vos alegreis exultando.*
>
> 14 ***Se, pelo nome do Cristo, sois injuriados, bem-aventurados sois, porque a honra, a glória e a virtude de Deus e o Seu Espírito repousam sobre vós.***

15 Não sofra, porém, nenhum de vós como assassino, ou ladrão, ou malfeitor, ou como quem se intromete em negócios de outrem;
*16 mas, **se sofrer como cristão**, não se envergonhe disso; antes, **glorifique a Deus com esse nome**.*
17 Com efeito, é tempo de começar o julgamento pela Casa de Deus. Ora, se ele começa por nós, qual será o fim dos que se recusam a obedecer ao Evangelho de Deus?
18 E, se é com dificuldade que o justo é salvo, onde vai comparecer o ímpio, sim, o pecador?
*19 Assim, **aqueles que sofrem segundo a Vontade de Deus confiam as suas Almas ao fiel Criador, dedicando-se à prática do Bem**.*

Quer dizer, **o bom exemplo tem de partir dos que seguem a Boa Nova do Excelso Pegureiro**. Caso contrário, estariam justificadas as maiores barbaridades por parte daqueles que vivem afastados das Leis Divinas. Se os que se consideram cristãos não agem de acordo com os Mandamentos Celestes, o que poderá ser exigido de quem os desconhece?

Quando nos integramos plenamente ao Cristo de Deus e somos fiéis até à morte, **participamos da Sua Glória, isto é, recebemos a coroa da vida**. Por isso, temos dito a todo o momento: **servir a Jesus não é sacrifício. É privilégio!**

Não abandonar as missões

Se colocarmos qualquer outra atividade acima de nossa Agenda Espiritual — outro nome para compromissos assumidos com o Divino Amigo —, não poderemos conquistar o prêmio prometido aos que persistem no Bem, apesar de todas as dificuldades que surgem pelo caminho. Cada um recebe segundo suas próprias obras — é a Lei do Apocalipse. O que o Príncipe dos Apóstolos está dizendo no versículo 14 há pouco citado?

> — *Se, pelo nome do Cristo, sois injuriados, bem-aventurados sois, porque sobre vós repousa o Espírito da glória e de Deus.*

Reforçamos o que foi falado anteriormente: se alguém, algum dia, em qualquer parte, fizer isso contra você, não se abale, agradeça a Deus e ore por quem agiu assim, pois só trará benefício ao seu Espírito. **O mundo inteiro pode estar contra você. Mas, se você demonstrar o seu valor no Bem, vai brilhar de qualquer maneira.**

Agora, atenção! Tenha muito cuidado! Se você, a pretexto de julgar-se injustiçado, ficar a remoer queixas e lamentações — colocando a culpa nessa ou naquela pessoa, nisso ou naquilo outro — e largar a sua missão, saiba que **a Justiça Divina contabiliza cada**

atitude. Não adianta pensar que nada vai lhe acontecer. É bem melhor concentrar esforços e empregar todos os talentos recebidos de Deus — em forma de saúde, competência, capacidades mil — na realização de **Boas Obras**. Estas, sim, são as **únicas capazes de efetivamente decidir o seu destino**. Ao cumprir o que prometeu aos Céus, a pessoa alcança júbilo espiritual e evita contrair débitos que seriam somados a antigas pendências negligenciadas na conta da Vida. O saldo das ações pretéritas irá compor a programação das suas próximas jornadas aqui na Terra, oferecidas pela pedagógica Lei das Vidas Sucessivas. É uma questão de simples aritmética.

Quando empenhamos nossa palavra a Jesus, estamos com Ele tomando uma responsabilidade seriíssima, com a qual não podemos falhar. Por isso, temos, há décadas, o seguinte lema, que mencionamos antes: valentia, na Religião de Deus, do Cristo e do Espírito Santo, é assumir um compromisso com o Bem e levá-lo honrosamente até o fim e além do fim.

A SEVERA REPREENSÃO DE TELÉSFORO

(Parte 1)

***Academia Jesus, o Cristo Ecumênico, o Divino Estadista** — Para exemplificar a gravidade de não se cumprir o que planejamos antes de reencarnar, o Líder da Juventude Ecumênica da Boa Vontade de Deus leu e comentou pela Super Rede Boa Vontade de Rádio, em abril de 1998, dois elucidativos capítulos do livro* Os Mensageiros, *intitulados "Ouvindo instruções" e "Advertências profundas", de autoria de André Luiz (Espírito), pela psicografia do médium brasileiro Chico Xavier.*

Paiva Netto, ao interpretar essas ilustrativas passagens, gravemente asseverou:

No Mundo Espiritual, incontáveis Irmãs e Irmãos estavam presentes em amplíssimo ambiente, à espera da palavra de Telésforo, antigo lidador do Ministério da Comunicação, da cidade localizada no Plano Invisível chamada "Nosso Lar". O Guia Espiritual solicitou este encontro com aqueles que se dedicavam ao trabalho de intercâmbio entre os dois mundos (Céu e Terra), servindo com suas capacidades mediúnicas. Vocês pensam que lá em Cima eles não se reúnem para debater sobre importantes assuntos de trabalho? Engana-se quem essa realidade desconhece.

Após saudar a todos, ele inicia seu discurso à assembleia:

> *— Agora — disse com autoridade sem afetação — conversaremos sobre as necessidades da representação de nossa colônia nos trabalhos terrestres.* ***Aqui se encontram companheiros fracassados nas intenções mais nobres e irmãos outros desejosos de colaborar nas tarefas que condizem com as nossas responsabilidades atuais. Referimo-nos às laboriosas atividades da Comunicação, no plano carnal.*** *Vemos nesta reunião grande parte dos cooperadores de "Nosso Lar", que* ***faliram nas missões da mediunidade e da doutrinação****, bem como outros muitos colegas que se preparam para provas dessa natureza, nos círculos da Crosta.*
>
> (Os destaques que seguem nos trechos do livro citado são de Paiva Netto.)

Você aí, minha Irmã, meu Irmão, que atua na área da Comunicação, atente-se a isso. Principalmente, os Irmãos Comunicadores das Mídias da Boa Vontade, pregadores ecumênicos da Religião Divina, que têm a imensa responsabilidade de levar a Palavra do Evangelho-Apocalipse aos corações! Percebam nesse trecho que **ninguém engana o Poder Superior que rege a Vida no planeta**.

Naquela reunião, compareceram Almas malsucedidas nas intenções mais nobres. Quer dizer, saíram do Mundo Espiritual prometendo a Deus, ao Cristo e ao Espírito Santo um comportamento extraordinário, a coragem na divulgação da eternidade da Vida, da existência de continentes e civilizações no Plano Invisível, que é o Reino de Deus. Porém, aqui embaixo, calaram-se. Ou, então, tinham outros compromissos de cooperar na educação das criaturas no campo da ética, e não o fizeram, porque a "onda" era outra. Aí voltaram para o Mundo da Verdade, de onde somos oriundos, e se encontraram em situação dificílima, pois a consciência é um terrível aguilhão.

Prossegue o Instrutor Espiritual:

> *Nossa repartição vem promovendo grande movimento de auxílio a irmãos encarnados e desencarnados que se revelam incapazes de qualquer ação além da superfície terrestre.*

> ***Nossa tarefa é enorme — precisamos disseminar ensinamentos novos****, relativamente à preparação dos que habitam nossa colônia, considerando os esforços e realizações do presente e do porvir.*
> ***É indispensável socorrer os que enfrentam, corajosos, as profundas transformações do planeta.***
> *As transições essenciais da existência na Terra encontram a maioria dos homens absolutamente distraídos das realidades eternas.* ***A mente humana abre-se, cada vez mais, para o contato com as expressões invisíveis, dentro das quais funciona e se movimenta. Isto é uma fatalidade evolutiva.*** *Desejamos e necessitamos auxiliar as criaturas terrestres; todavia,* ***contra a extensão de nosso concurso fraterno, operam dilatadas correntes de incompreensão****.*

Que luta grande a dos Espíritos de Deus! Por isso, Jesus disse:

> — *Meu Pai não cessa de trabalhar, e Eu com Ele* (Evangelho, segundo João, 5:17).

Alguém, todavia, pode se lamentar:

> — *Ah, mas a cabeça humana está muito fechada ainda para entender essas coisas...*

Por esse motivo, criei a Super Rede Boa Vontade de Comunicação (rádio, TV, internet e publicações), para trazer ao mundo esses ensinamentos. **Nossa missão é divulgar os assuntos mais elevados para que as populações não permaneçam espiritualmente vazias ou rasas, reféns das ondas de futilidades do mundanismo.** Muita gente anda distraída por aí. Então, é necessária **a abertura das consciências humanas para as questões espirituais**. A fatalidade evolutiva citada é esta: tem de ocorrer essa iluminação das mentes para a realidade de nossa origem. **Nós somos Espírito, provisoriamente na carne.** E reencarnação não é punição, é oportunidade que Deus nos oferece para que possamos progredir.

Interação compulsória entre Terra e Céu

Em trecho mais adiante do livro *Os Mensageiros*, tratando dos desafios da humanidade que ignora o intercâmbio entre os planos físico e espiritual, Telésforo recomenda:

> — *Não podemos, porém, perder tempo no exame da teimosia alheia. Temos serviços complexos e dilatados. E, como dizíamos,* ***a humanidade terrena aproxima-se, dia a dia, da esfera de vibrações dos invisíveis de condição inferior, que a rodeia em todos os sentidos.*** *Mas, segundo reconhecemos,*

> ***esmagadora percentagem de habitantes da Terra não se preparou para os atuais acontecimentos evolutivos.*** *E os mais angustiosos conflitos se verificam no sendal humano.*

O que abordei no capítulo "Quanto à abrangente missão do Templo da Boa Vontade", constante do segundo volume das *Sagradas Diretrizes Espirituais da Religião de Deus, do Cristo e do Espírito Santo* (1990)? Lá afirmo que o relacionamento com o Mundo Espiritual é compulsório, ou seja, ocorre obrigatoriamente. Sendo assim, então façamo-lo com **as Esferas Superiores**. É como disse antes: precisamos **abrir nossa mente para os nobres temas espirituais**, porque dos assuntos grosseiros, da baixaria os povos já estão empanturrados. Muito em breve, assistiremos ao vômito das nações, colocando, em forma de violência jamais vista, tudo isso para fora — o Armagedom profetizado por Jesus (Apocalipse, 16:16).

Devemos quebrar os limites da carne para aspirar aos Conhecimentos Eternos, para não estarmos envolvidos nesta revelação do amigo Telésforo:

> — *A humanidade terrena aproxima-se, dia a dia, da esfera de vibrações dos invisíveis de condição inferior, que a rodeia em todos os sentidos.*

Não é o que vemos por aí? A violência, a fome, o desamor, a falta de Humanidade à humanidade. Ela, por ainda trilhar um caminho de atraso espiritual — e o pior, por vontade própria —, se relaciona com as áreas invisíveis de condição inferior. É a lei da afinidade. E qualquer criatura é capaz de se libertar espiritualmente, a partir da prece e dos bons atos, ligando-se aos mais Altos Páramos, que nos fazem tão bem. Já os do astral mais baixo não podem proporcionar felicidade, uma vez que estão precisando do socorro de Deus, que não lhes é negado.

O abnegado espírito de servir

O Amigo Espiritual continua a passar suas instruções:

> *A humanidade terrena, atualmente, é como um grande organismo coletivo, cujas células, que são as personalidades humanas,* ***se envolvem no desequilíbrio entre si, em processo mundial de reajustamento e redenção.***
>
> *Quantos cooperam conosco veem a extensão dos* ***cipoais em que se debate a mente humana. Criminosos agarram-se a criminosos, doentes associam-se a doentes.*** *Precisamos oferecer, no mundo,* ***os instrumentos adequados às retificações espi-***

> ***rituais***, *habilitando nossos irmãos encarnados a um* ***maior entendimento do Espírito do Cristo***. *Para consegui-lo, todavia, necessitamos de* ***colaboradores fiéis***, *que* ***não cogitem de condições, compensações e discussões***, *mas que se interessem pela* ***sublimidade do sacrifício e de renunciação com o Senhor***.

Ah, se não houver esse espírito missionário, não adianta nada. Por isso, as Instituições da Boa Vontade são escolas apostolares de portas abertas. Aqueles que se aproximam delas sabem de antemão a mentalidade que as governa: **servir**, como pede e admoesta Telésforo na narrativa de André Luiz:

> *A essa altura, Telésforo interrompeu a lição em curso, e, fixando o olhar percuciente na assembleia, tornou em voz mais alta:*
>
> — ***Quem não deseje servir procure outros gêneros de tarefa. A Comunicação não comporta perda de tempo nem experimentação doentia, sem grave prejuízo dos cooperadores incautos.*** *Noutros Ministérios, a designação de trabalhadores define, com precisão, todos os que colaboram com o Divino Mestre. Aqui, porém, acima de trabalhadores,* ***precisamos de servidores que atendam de Boa Vontade***.

Nesse instante, em vista doutra longa pausa, identifiquei a forte impressão dos ouvintes, que se entreolhavam com inexprimível espanto.

Em síntese, Telésforo colocou os fatos na mesa e cobrou uma decisão deles, pois não quer ninguém iludido tampouco admite que o trabalho seja prejudicado. Àqueles que se consideram prontos a seguir essa disciplina, o acesso ao Ministério da Comunicação no Plano da Verdade é livre. Entretanto, os que não se dispuserem a isso que procurem outros setores de atuação. Como quem diz: não temos tempo a perder, precisamos prestar contas diárias ao Cristo de Deus, o Supremo Chefe da humanidade, encarnada e desencarnada.

Observem como no Mundo Espiritual eles têm que lutar também para alcançar os êxitos. Ainda mais quando dependem dos Espíritos reencarnados, o que torna a missão mais árdua. **Mas a ninguém é concedido o direito de fugir da tarefa.** Caso isso aconteça, **a consequência é muito sofrimento pela frente**.

Fracasso ruidoso

Voltemos ao discurso de Telésforo:

Centenas de companheiros partem daqui [de "Nosso Lar"] *anualmente, aliando necessidades de resgate ao serviço redentor; mas* ***ainda não conseguimos***

> ***os resultados desejáveis. Alguns alcançaram resultados parciais nas tarefas a desenvolver, mas a maioria tem fracassado ruidosamente.*** *Nossos institutos de socorro debalde movimentam medidas de assistência indispensável.* ***Raríssimos conquistam algum êxito nos delicados misteres da mediunidade e da doutrinação.***
>
> *Outras colônias de nossa esfera providenciam tarefas da mesma natureza, mas* ***pouquíssimos são os que se lembram das realidades eternas, no "outro lado do véu"****...*

Em outras palavras, chegam à carne e se esquecem dos compromissos assumidos no Mundo Espiritual em benefício dos seus semelhantes, além das próprias quitações cármicas. Percebem que faltou a esses Irmãos repreendidos com severidade por Telésforo justamente o que o Cristo prometeu à Igreja em Esmirna?

> — *Sê fiel até à morte, e Eu te darei a coroa da vida* (Apocalipse, 2:10).

Isso não pode acontecer com nenhum de nós, Legionários de Boa Vontade e Cristãos do Novo Mandamento, Amigos de Jesus. **Não ignoremos os compromissos assumidos no outro lado do "véu de Ísis", no Mundo Espiritual. As Instituições da Boa Vontade são comunicação dos conteúdos espirituais,** da forma mais produtiva e convincente possível e até impossível. Só o possível é fácil. Além do mais, uma questão deixa de ser irrealizável no momento em que, pelo nosso persistente esforço, a concretizamos. **Não há impossíveis para os que creem verdadeiramente em Deus, no Cristo e no Espírito Santo.**

Nossa missão é divulgar os assuntos mais elevados para que as populações não permaneçam espiritualmente vazias ou rasas, reféns das ondas de futilidades do mundanismo. (...) O relacionamento com o Mundo Espiritual é compulsório, ou seja, ocorre obrigatoriamente. Sendo assim, então façamo-lo com as Esferas Superiores. (...) Precisamos abrir nossa mente para os nobres temas espirituais, porque dos assuntos grosseiros, da baixaria os povos já estão empanturrados.

[illegible]

[illegible]

[illegible]

A SEVERA REPREENSÃO DE TELÉSFORO

(Parte 2 — final)

Jesus desceu até nós, humanidade

Telésforo permanece alertando aquela numerosa assembleia de Espíritos que falharam em suas missões ou que estavam se preparando para assumir importantes incumbências na transmissão dos conteúdos elevados aos planos terrestres. Na ocasião, ele assim se expressou:

> — ***A ignorância domina a maioria das consciências encarnadas. E a ignorância é mãe das misérias, das fraquezas, dos crimes. Grandes instrutores, nos fluidos da carne, amedrontam-se por sua vez, diante dos atritos humanos, e se recolhem, indevidamente, na concepção que lhes é própria.***
>
> (Os destaques que seguem nos trechos do livro citado são de Paiva Netto.)

Ou seja, fecham-se como se estivessem dentro de uma ostra, por vezes, da vaidade. Aliás, costumo bradar: **a Religião Divina é da porta para fora**!

O Guia Espiritual retorna às orientações:

> — ***Esquecem-se de que Jesus não esperou que os homens Lhe atingissem as glórias magnificentes*** *e que,* ***ao invés, desceu até ao plano dos homens para amar, ensinar e servir****.* ***Não exigiu que as criaturas se fizessem imediatamente iguais a Ele****, mas* ***fez-se como os homens****, para* ***ajudá-los na subida áspera****.*

Que esplêndido! **Jesus se tornou um de nós para nos elevar, impulsionando-nos para cima.**

> *E, com profundo brilho no olhar, Telésforo acentuou, depois de pequeno intervalo:*
>
> ***— Se o Mestre Divino adotou essa norma, que dizer das nossas obrigações de criaturas falidas?***
>
> *Abstraindo-nos das necessidades imensas de outros grupos, procuremos identificar as falhas existentes naqueles que nos são afins.*
>
> *Em derredor de nós mesmos, os laços pessoais constituem extenso campo de atividade para o testemunho.*
>
> *Cesse, para nós outros, a concepção de que a Terra é o vale tenebroso, destinado a quedas lamentáveis, e*

agasalhemos a certeza de que a esfera carnal é uma grande oficina de trabalho redentor. ***Preparemo-nos para a cooperação eficiente e indispensável. Esqueçamos os erros do passado e lembremo-nos de nossas obrigações fundamentais.***

A causa geral dos desastres mediúnicos é ***a ausência da noção de responsabilidade e da recordação do dever a cumprir****.*

Quantos de vós fostes abonados, aqui, por generosos benfeitores que buscaram auxiliar-vos, condoídos de vosso pretérito cruel? Quantos de vós partistes, entusiastas, formulando enormes promessas? Entretanto, ***não soubestes recapitular dignamente, para aprender a servir, conforme os desígnios superiores do Eterno****. Quando o Senhor vos enviava possibilidades materiais para o necessário, regressáveis à ambição desmedida; ante o acréscimo de misericórdia do labor intensificado, agarrastes a ideia da existência cômoda; junto às experiências afetivas, preferistes os desvios sexuais; ao lado da família, voltastes à tirania doméstica; e aos interesses da vida eterna, sobrepusestes as sugestões inferiores da preguiça e da vaidade. Destes-vos, na maioria, à palavra sem responsabilidade e à indagação sem discernimento, amontoando atividades inúteis. Como médiuns, muitos de vós preferíeis a inconsciência de vós mesmos; como doutrinadores, formuláveis conceitos para exportação, jamais para uso próprio.*

Os resultados da mediunidade a serviço de Deus

A respeito da comunicação das Verdades Divinas pela mediunidade, Telésforo indaga na sequência àquela plateia qual resultado fora obtido com os esforços para influenciar beneficamente os Irmãos no campo material. E estendo essa pergunta aos que integram a Super Rede Boa Vontade de Comunicação (rádio, TV, internet e publicações), porque **todos somos sensitivos**. A questão é entrar no Dia do Senhor, assunto recorrente em minhas conversas com vocês. Uns chamam dons de Deus; outros, mediunidade; outros, carismas; outros, paranormalidade e vai por aí.

O que importa mesmo é **educarmos continuamente as nossas faculdades espirituais**, que um dia serão descortinadas pela prodigiosa Ciência, **fundamentando-nos no Evangelho-Apocalipse de Jesus**. Caso contrário, ocorre o que o Mentor Espiritual lamenta ao dizer que grandes massas se aproximam de trabalho tão sagrado, mas no propósito de manchar as suas águas:

> — *Não são procuradores do Reino de Deus os que lhe forçam, desse modo, as portas, e sim caçadores dos interesses pessoais. (...)*

Zarur estava totalmente certo quando ensinava que

— o segredo do governo dos povos é unir a humanidade de baixo à Humanidade de Cima.

Ele pretendia propor com isso que o conhecimento humano fosse iluminado pela Sabedoria Divina, jamais em busca de proveito mesquinho.

Persistir na fidelidade às missões celestiais

Diante do que temos estudado nesse discurso do Espírito Telésforo, será que tudo estará perdido? O que deve ser feito em face dessas severas, porém fraternas, admoestações? Voltemos às palavras do Guia Espiritual:

> *Contudo,* ***não abandonemos nossos deveres em meio à tarefa. Voltemos ao campo, retificando as semeaduras.*** *O Ministério da Comunicação vem incentivando esse movimento renovador.* ***Necessitamos de servidores de Boa Vontade, leais ao espírito da Fé.*** *Não serão admitidos os que não desejarem conhecer* ***a glória oculta da cruz do testemunho****, nem atendem aqui os que se aproximem com objetivos diferentes...*
>
> *Aqui estamos todos, companheiros da Comunicação, endividados com o mundo, mas* ***esperançosos de êxito em nossa tarefa permanente. Levantemos o olhar.*** *O Senhor renova diariamente nossas*

> ***benditas oportunidades de trabalho****, mas, para atingirmos os* ***resultados precisos****, é imprescindível sejamos* ***seguidores da renunciação ao inferior****. Nenhum de nós, dos que aqui nos encontramos, está livre do ciclo de reencarnações na Crosta. Todos, portanto,* ***somos sequiosos de Vida Eterna****. Não olvidemos, desse modo, o Calvário de Nosso Senhor, convictos de que* ***toda saída dos planos mais baixos deve ser uma subida para a esfera superior****. E ninguém espere subir, espiritualmente, sem* ***esforço****, sem* ***suor*** *e sem* ***lágrimas****!...*

Minhas Amigas e meus Irmãos, minhas Irmãs e meus Amigos, isso aqui é um bendito alertamento a toda a humanidade. Atenção, Equipes Solidárias Legionárias, mormente as que atuam na Comunicação 100% Jesus e nos trabalhos do Centro Espiritual Universalista, o CEU da Religião do Amor Universal. Não fica patente que Deus concede sobejamente abençoadas oportunidades para a nossa redenção? Não podemos deixá-las passar, para depois não nos arrependermos e sentirmos *"quanto dói uma saudade!"*, como alertava o Irmão Zarur. Por isso, Jesus nos encoraja a ter fidelidade aos Preceitos Celestes ***"até à morte"***.

Estamos todos *"sequiosos de Vida Eterna"*. Esse é, portanto, o prêmio que nossa Alma busca, mesmo que ainda ignoremos tal desiderato. Como alcançá-lo? Ressaltamos o que nos diz Telésforo:

— Não abandonemos nossos deveres em meio à tarefa. Voltemos ao campo, retificando as semeaduras. (...) Necessitamos de servidores de Boa Vontade, leais ao espírito da Fé.

Está aí **o alicerce da nossa fidelidade extrema a Jesus: cumprir, com devoção total, tudo aquilo que prometemos ao Divino Mestre, Esperança de nossas vidas, testemunhando-O até o fim e além do fim.**

Louvado seja Nosso Senhor Jesus Cristo!

O que importa mesmo é educarmos continuamente as nossas faculdades espirituais, que um dia serão descortinadas pela prodigiosa Ciência, fundamentando-nos no Evangelho-Apocalipse de Jesus.

JESUS, A COROA DA VIDA ETERNA

***Academia Jesus, o Cristo Ecumênico, o Divino Estadista** — Atento às transformações inimagináveis que todos enfrentamos pelo mundo, e que ainda se agravarão, o Presidente-Pregador da Religião Divina dirige ao nosso coração o convite para que nos fortaleçamos na perseverança em Jesus, como fizeram os laboriosos Irmãos de Esmirna.*

Paiva Netto nos leva a refletir sobre o assunto nesta página que escreveu para a edição nº 11 da revista JESUS ESTÁ CHEGANDO!*, de outubro de 1988, e que depois integrou o seu livro do bolso de cima* Cartilha de Reeducação Espiritual Iniciática Apocalíptica — CREIA (1989). *Leiamos o item 11 do documento que, em tom profético, ele nos endereçou:*

Honrar o compromisso com Jesus

Atentai para isto: breve se aproxima desta humanidade a época em que nada se conseguirá — nem por civilidade, nem por dinheiro e nem mesmo por violência. Nada! Assistiremos à loucura das nações. Vós, entretanto, os que permanecerdes leais, estareis a salvo. Não por promessa de seres humanos, porém de Deus, com o qual Jesus é UM:

> — *Sê fiel até à morte, e Eu te darei a coroa da vida* (Apocalipse, 2:10).

Portanto, nada temais, vós e vossas famílias, desde que honreis o compromisso com Nosso Senhor Jesus Cristo (...).

Os Tempos chegaram!

Quando se fala em Fim dos Tempos, muitos logo se recordam das advertências do Profeta Divino em Seu Sermão Escatológico, ou Sermão Profético[66]. Apesar dos graves acontecimentos ali anunciados — e que devemos tratar com total atenção e seriedade —, é necessário destacar que o seu ápice não é a Grande Tri-

---

[66] **Sermão Profético** — Evangelho, segundo Mateus, capítulos 24 e 25; consoante Marcos, 13; e conforme Lucas, 21.

bulação, mas sim o Glorioso Regresso do Governante Supremo do planeta Terra:

> — *Então, aparecerá no céu o sinal do Filho de Deus; todos os povos da Terra se lamentarão e verão o Filho de Deus vindo sobre as nuvens, com poder e grande glória* (Evangelho, segundo Mateus, 24:30).

Esse versículo também nos remete ao Livro das Profecias Finais. Há quem se apegue aos flagelos, às bestas, ao dragão, entre outros elementos que precisam ser decifrados à luz do Novo Mandamento do Cristo, em Espírito e Verdade. Todavia, esse não é o principal anúncio do Apocalipse: ele apresenta **a mais aguardada notícia de todos os tempos — a Volta Triunfal de Jesus**:

> — *Eis que Jesus vem com as nuvens, e todos os olhos O contemplarão, até mesmo aqueles que O traspassaram. E todas as nações da Terra se lamentarão sobre Ele. Certamente. Amém!*
>
> (Revelação, 1:7)

E olhem o que o Excelso Pegureiro ainda prometeu:

— Eis que venho sem demora, e comigo está o galardão que tenho para retribuir a cada um segundo as suas próprias obras.

(Apocalipse, 22:12)

O que isso nos revela e tem a ver com o prometido à Igreja em Esmirna? Que **o Magnífico Retorno de Jesus**, trazendo consigo Seu Galardão, **é o maior prêmio que os perseverantes podem receber**. Portanto, **o Cristo de Deus é a Coroa da Vida Eterna**. Já imaginaram a honra que será — vencidas todas as batalhas cruentas que a vida humana nos inflige, estando com a consciência tranquila pela fidelidade integralmente sustentada — o júbilo de ver o Mestre dos mestres com todo o Seu Resplendor Espiritual, diante de nós, coroando-nos com a láurea de Sua magnânima presença? Só poderemos nos curvar diante Dele e respeitosamente beijar-Lhe as mãos e os pés. Pelo Salvador dos Povos, com toda a certeza de nossa Alma, vale a pena lutar, perseverar e vencer ontem, hoje e eternamente!

Essa singular recompensa, que é servir a Jesus, foi também anunciada pelo Apóstolo Pedro, em sua Primeira Epístola, 5:1 a 4:

1 Rogo, pois, aos anciãos que há entre vós, eu, ancião igual a eles, e testemunha dos sofrimentos do Cristo, e ainda copartícipe da glória que há de ser revelada.

> 2 *Apascentai o Rebanho de Deus que há entre vós, não constrangidamente, mas espontaneamente, como Deus o quer; nem por torpe ganância, mas de Boa Vontade;*
> 3 *nem como dominadores dos que vos foram confiados, antes, tornando-vos referências do Rebanho.*
> 4 ***Ora, logo que o Supremo Pastor se manifestar, de novo entre nós, visivelmente, recebereis a imarcescível coroa da glória.***

E profetiza ainda o Grande Pescador da Galileia nos versículos 10 e 11:

> 10 *Ora, o* ***Deus de toda a graça, que em Cristo vos chamou à Sua eterna glória, depois de terdes sofrido por um pouco, Ele mesmo vos há de aperfeiçoar, firmar, fortificar e fundamentar.***
> 11 ***A Ele seja o domínio pelos séculos dos séculos. Amém!***

Portanto, queremos sempre estar em sintonia com o Divino Provedor de nossas vidas! Hosanas a **Jesus, a Bússola de nossa mais legítima Esperança**! **Sem Ele, isto é, a Fé Realizante e a Caridade Divina, viveremos perdidos nos mares procelosos da vida humana.**

Não deixemos essa premente decisão para amanhã, porque, conforme sempre brado com o povo nas minhas fraternas preleções, **os Tempos chegaram**!

INTEGRAÇÃO APOSTÓLICA NA RELIGIÃO DIVINA

Academia Jesus, o Cristo Ecumênico, o Divino Estadista *— O Irmão Paiva, por intermédio dessa Academia do Pensamento Espiritual-Humano, tem preparado para todos vocês outra obra literária nascida dessa jornada vitoriosa dele a serviço de Jesus. Os seus originais foram complementados por circulares, páginas e verdadeiros bate-papos dele com o Mestre Amado. É um coração a se dirigir ao CORAÇÃO, pois o Cristo representa, em Sua inteireza, o órgão do sentimento, como sempre afirma o Líder da Juventude Legionária da Boa Vontade. O nome do livro é* **O Diário de um Cristão do Novo Mandamento de Jesus**.

Compartilhamos aqui trecho de um desses escritos, datado de 26 de junho de 1999. Em Glorinha/RS, eram 6 horas da manhã de um sábado. Após despachar, durante a madrugada, muitos documentos ad-

ministrativos e redigir artigos para os jornais, Paiva Netto anotou:

Irmãs e Irmãos, o tempo tem pressa para a Volta Triunfal de Jesus, como preconizava Pedro Apóstolo, em sua Segunda Epístola, 3:8 a 13.

Tenho me dedicado com honra, verdadeiramente lutado, não apenas com a atenção voltada para todos vós em conjunto, como Povo de Deus, mas também para cada indivíduo em particular, conforme sempre almejei. E este tem sido meu objetivo e conforto único: **a integração apostólica nesta Divina Obra**, cujo compromisso

— *não cessa nem com a morte*,

fato convictamente declarado pelo seu saudoso Presidente-Fundador, Irmão Alziro Zarur.

Mantenhamos, pois, o Espírito sempre juvenil e a prodigalidade no Amor Fraterno em Cristo Jesus que nos une, e não é de hoje. **Jamais nos desviemos da vivência da Justiça Perfeita**, **que não suporta a ociosidade**, sobretudo, numa Casa que dignifica o Sublime Ser que se submeteu à cruz infamante para que tivéssemos acesso à Salvação; portanto, a uma renovada e bem-aventurada Existência Eterna.

O Cinzel de Deus

O ser humano tem permanecido, pelos séculos, como criatura lacerada, até que entenda que não é somente carne, mas também Espírito. Compreendendo sua verdadeira origem — não somente no campo religioso, e de igual modo no filosófico, no econômico, no político, no científico, no educacional, no artístico, no esportivo, no lar, no trabalho, em suma, em tudo que vibre a Vida bafejada pela Espiritualidade Ecumênica —, **há de se tornar o Colosso Realizador do Bem, esculpido pelo Cinzel de Deus**, e será tomado por uma indescritível satisfação de existir, que nunca lhe será arrebatada.

Eis o nosso trabalho na Religião de Deus, do Cristo e do Espírito Santo, com o Templo da Boa Vontade (TBV) e suas Igrejas Ecumênicas; na Fundação José de Paiva Netto; na Legião da Boa Vontade, em todas as suas Superintendências, principalmente na Comunicação 100% Jesus (rádio, TV, internet e publicações a serviço do Bem). Outro labor, nesta hora de transição apocalíptica, seria engano doloroso, porque **essas Benditas Obras são destinadas para a Comunicação das Coisas Divinas, segundo as determinações estabelecidas por Jesus no Seu institucional e extraordinário Sermão da Montanha** (Boa Nova, consoante Mateus, capítulos de 5 a 7).

O enlevo das palavras espiritualmente eloquentes

Nossa permanência neste orbe envolve uma notável tarefa que nos é confiada por Deus. E não titubearemos jamais ante nosso compromisso, pondo-lhe um ponto final prematuro, como fazem todos os covardes. **Com Jesus, é até ao fim mesmo, para merecermos um magnífico começo que apenas Ele conhece.** Afinal, o Vencedor da besta e do falso profeta se apresenta como *"o Primeiro e o Último, o Princípio e o Fim, o Alfa e o Ômega"*. Logo, o Apocalipse não significa um término, porquanto é uma **total regeneração**, na Terra e na Pátria da Verdade, conforme também prediz a advertência do Profeta Isaías: o julgamento final se dará no Céu e na Terra[67]. Mas só chegaremos à aurora desse novo tempo, se permanecermos fiéis além da existência carnal, como revelado na Mensagem de Jesus aos seguidores da Igreja em Esmirna:

— *Sê fiel até à morte, e Eu te darei a coroa da vida* (Apocalipse, 2:10).

[67] Livro do Profeta Isaías, 24:21 e 22:
"Naquele dia, o Senhor castigará, no Céu, as hostes celestes, e os reis da Terra, na Terra. Serão ajuntados como presos em masmorra, e encerrados num cárcere, e castigados depois de muitos dias".

Deus sempre nos dará talento, isto é, competência para a consumação do empreendimento que entregou à nossa capacidade individual e coletiva.

Confiaremos sempre na Providência Superior, que jamais nos negará forças para continuarmos o trabalho dos maiores abolicionistas dos cativeiros restantes (*vide Somos todos Profetas* e *As Profecias sem Mistério*), quando o Divino Poder, a golpes de genialidade, completará a inigualável missão de derrubar as muralhas, agora na maioria invisíveis, onde ainda gemem, no cárcere infame, escravos ultrajados de todas as etnias humanas e espirituais, presas ainda fáceis da sanha criminosa dos ignorantes das Coisas Eternas.

Acabar com esse império de trevas é a nossa missão mais urgente.

Com essa finalidade, aí se encontram a Super Rede Boa Vontade de Comunicação e a Religião do Terceiro Milênio. **Além do enlevo da palavra, elas empunham a eloquência mais comovente, a das obras — espirituais, morais e materiais.** As Instituições da Boa Vontade estão sempre aptas a honrar o Cristo de Deus e, assim, levantar um país e empolgar o mundo. Senão, jovens, para que a Comunicação 100% Jesus e a Religião do Amor Universal?

Essa é a Política Divina, capaz de impulsionar multidões de homens e mulheres, jovens, crianças e Espíritos Luminosos, Almas Benditas, da Boa Vontade de Deus desejosas de viver e trabalhar por *"um Brasil melhor e uma humanidade mais feliz"*.

Ainda quanto aos frutos da Árvore da Vida Eterna

Academia Jesus, o Cristo Ecumênico, o Divino Estadista *— Para fechar a análise do versículo décimo do capítulo segundo do Último Livro da Bíblia Sagrada e bem ilustrar como tudo se interliga na Profecia de Deus, desde a Gênese até o Apocalipse, recorremos ao artigo publicado no* Correio Braziliense, *em 17 de junho de 1993 (quinta-feira), no qual o dirigente das IBVs aborda a relação entre a Carta do Cristo à Igreja em Esmirna e os frutos da Árvore da Vida Eterna, que foi, no primeiro volume desta coleção, analisada na Mensagem de Jesus à Igreja em Éfeso.*

Escreve Paiva Netto:

Agora é o Cristo falando ao Anjo da Igreja em Esmirna, formada por fiéis, pertinazes até mesmo na dor, no Testemunho a Ele:

— *Não temas as coisas que tens de sofrer. Eis que o diabo está para lançar em prisão alguns dentre vós, para serdes postos à prova, e tereis tribulação de dez dias* [dez anos, em linguagem profética]. *Sê fiel até à morte, e Eu te darei a coroa da vida* (Apocalipse, 2:10).

E a coroa da vida é também alimentar-se dos frutos abençoados da Árvore da Vida Eterna, que desce do Céu, com a Nova Jerusalém (Apocalipse, 21:9 a 27), para a iluminação dos povos.

Trata-se da Política de Deus — a Política para o Espírito Eterno do ser humano. É a Pedagogia do Criador para as Suas criaturas:

> — *No meio da sua praça* [na Nova Jerusalém], *de uma e outra margem do rio, está a Árvore da Vida Eterna, que produz doze frutos, dando seu fruto de mês em mês, e as suas folhas servem para a cura das nações* (Apocalipse do Cristo, 22:2).

Alguém pode indagar:

> — *Por que Deus, no relato pleno de simbolismo da Gênese, "proíbe" o fruto desta Árvore às criaturas Dele?!*

Na verdade, os próprios seres humanos, em virtude do seu desconhecimento dos Assuntos Eternos, é que se proíbem a si mesmos o alcance do citado fruto. Ainda primitivos espiritual e moralmente, não o usariam para *"a cura das nações"*, mas para as tornarem enfermas

ou mortas, como muitas vezes o fizeram... Foi, portanto, uma medida preventiva que demonstra o divino bom senso. Uma criança do primeiro ano escolar, salvo raríssimas exceções, não está pronta a compreender as sutilezas do raciocínio de um Einstein (1879-1955), de uma Marie Curie (1867-1934), de uma Alice Ball (1892-1916), de um Sitter (1872-1934), de um Planck (1858-1947), de um Hawking (1942-2018)... Entretanto, na era do Apocalipse, quando um ciclo de evolução planetária se fecha e outro se abre — por isso, enquanto a Gênese é o primeiro, o Apocalipse é o Último Livro da Bíblia Sagrada —, Deus, através do Cristo e pela intermediação do Espírito Santo, permitirá fartamente a esses heróis da pertinácia — que perseverarem até o fim, mas até o fim mesmo — se alimentarem dos frutos sazonados da Árvore Celestial — aqui não mais chamada *"da ciência do Bem e do mal"*, porém *"da Vida Eterna"*. Porquanto, esses seres humanos redimidos pelos seus próprios esforços saberão dignamente usar das folhas e dos frutos *"para a cura das nações"*.

EVITANDO O DANO DA SEGUNDA MORTE

***Academia Jesus, o Cristo Ecumênico, o Divino Estadista** — Estamos nos aproximando do encerramento desta estupenda Mensagem de Vitória aos Perseverantes em Jesus. Prossigamos com Paiva Netto sorvendo esse Alimento Espiritual:*

11 Quem tem ouvidos de ouvir ouça o que o Espírito diz às Igrejas do Senhor. O vencedor, de nenhum modo, sofrerá o dano da segunda morte.

(Apocalipse, 2:11)

Chegamos ao versículo com que Jesus conclui Sua Carta à Igreja em Esmirna. **O Espírito de Deus está sempre avisando**, mesmo assim tem que ficar a advertência para que prestemos a máxima atenção a essa voz que se dirige à humanidade diretamente dos mais Elevados Páramos:

— Quem tem ouvidos de ouvir ouça o que o Espírito diz às Igrejas do Senhor.

Querem ver um exemplo de como se manifesta? Está muito evidente nesta emocionante passagem bíblica:

A primazia do Apóstolo Pedro

13 *E chegando Jesus à região de Cesareia de Filipe, interrogou os Seus Discípulos: Afinal, Quem o povo diz ser o Filho de Deus?*
14 *E eles responderam: Uns afirmam ser João Batista; outros, Elias; e outros, Jeremias ou algum dos Profetas.*
15 *Mas continuou Jesus a perguntar: E vós, Quem dizeis que Eu sou?*
16 *Simão Pedro, respondendo ao Mestre, exclamou:* ***Tu és o Cristo, o Filho do Deus Vivo****.*
17 *E Jesus, respondendo, disse-lhe: Bem-aventurado és tu, Simão Barjonas, porque* ***não foi nem a carne e nem o sangue Quem te fez esta revelação, mas meu Pai, que está nos Céus****.*
18 *Também Eu te digo que tu és Pedro, e* ***sobre esta pedra edificarei a minha igreja****, e* ***as portas do inferno não prevalecerão contra ela****.*

[19] *E Eu te darei as* ***chaves do Reino dos Céus;*** *e*
tudo o que ligares na Terra será ligado nos Céus;
e tudo o que desligares na Terra será desligado
nos Céus.
[20] *Então, Jesus mandou aos Seus Discípulos que a*
ninguém revelassem que Ele era o Cristo de Deus.

(Evangelho, segundo Mateus, 16:13 a 20)

Simão Pedro ouviu a voz do Espírito de Deus e reconheceu a Autoridade Espiritual do Divino Mestre. Notem o **desdobramento da sintonia do Príncipe dos Apóstolos**, tornando-se **Guardião das chaves do Reino dos Céus.** Com elas, é capaz de promover o **intercâmbio Terra e Céu, Céu e Terra**.

O fato de Pedro reconhecer de imediato a Majestade do Cristo nos faz concluir que **a pedra citada tem total integração à Rocha Firme**, que **é o próprio Jesus, com Sua Fraterna Doutrina**, sobre a qual devemos **alicerçar o Templo do Deus Vivo**, que somos nós. Contra esta espiritual edificação **nenhuma maldade jamais triunfará!**

A segunda morte

Primeiramente, ***o vencedor*** é todo aquele que persevera fidelissimamente e, desse modo, se coloca na condição vitoriosa em Deus. Então, do que se trata a segunda morte, cujo dano esse ***vencedor*** evitará? Leiamos outros trechos do Apocalipse de Jesus em que aparece essa referência. Prestemos atenção aos contextos em que ela surge:

> — *Bem-aventurados e santos aqueles que têm parte na primeira ressurreição.* ***Sobre esses a segunda morte não tem autoridade****; pelo contrário, serão sacerdotes de Deus e de Cristo Jesus, e reinarão com Ele os mil anos* (Apocalipse, 20:6).

Agora, outro ponto:

> 13 *E o mar deu os mortos que estavam nele. A morte e o além entregaram os mortos que neles havia. E foram julgados, um por um, segundo as suas obras.*
> 14 *Então, a morte e o inferno foram lançados para dentro do lago do fogo.* ***E esta é a segunda morte, o lago do fogo.***
> 15 *E, se alguém não foi achado inscrito no Livro da Vida Eterna, esse foi lançado para dentro do lago do fogo.*
>
> (Apocalipse, 20:13 a 15)

E por fim:

[6] Disse-me ainda: Tudo está feito. Eu sou o Alfa e o Ômega, o Princípio e o Fim. Eu a quem tem sede darei de graça a beber da Fonte da Água da Vida Eterna.

[7] O vencedor herdará estas coisas, e Eu lhe serei Deus e ele me será filho.

[8] Quanto, porém, aos tímidos, aos covardes, aos incrédulos, aos abomináveis, aos assassinos, aos impuros, aos adúlteros, aos feiticeiros, aos que dão veneno, aos idólatras e a todos os mentirosos do mundo, a parte que lhes cabe será no ***lago que arde com fogo e enxofre — que é a segunda morte****.*

(Apocalipse, 21:6 a 8)

Na década de 1960, Zarur apresentou sua explicação:

— Que segunda morte é esta, meus amigos? Vamos passar o "espanador" na memória. É evidente! ***A segunda morte é a morte espiritual e esta segunda morte é a que se deve temer.*** *Não a morte do corpo, que é a primeira! O que Jesus aqui adverte é para que ninguém tema padecer a morte, na perseguição que estava por vir, e realmente veio. Basta pregar a Verdade que ela incomoda sozinha. Mas aquele que está com Deus não teme nem a primeira, nem a segunda morte — a morte material e a morte espiritual.*

"A Chave da Vida e a Chave da Morte"

Em seu "Poema do Novo Mandamento" e em inúmeras pregações fraternas, o saudoso Proclamador da Religião de Deus, do Cristo e do Espírito Santo provoca-nos ao raciocínio, a fim de aprofundarmos o entendimento acerca da Ordem Suprema do Cristo, clareando nossa compreensão do que seja a segunda morte e como dela não padecer. Ele afirma:

> — *O Novo Mandamento de Jesus* — "Amai-vos como Eu vos amei" — *é a Chave da Vida e a Chave da Morte.*

Durante entrevista que concedi ao repórter Hermano Noronha, da Rádio Aparecida do Norte, de Aparecida/SP, em 13 de setembro de 1991, discorri sobre esse avançado conceito:

1) **Chave da Vida** para quem ama sem interesses escusos, realizando-se, embora o mundo inteiro esteja contra essa pessoa;

2) Já aqueles que ainda não aprenderam a amar, como Jesus nos amou e tem amado, decretam a falência da própria Alma. Tornam-se prisioneiros da **Chave da Morte**, até que o Amor do Pai Celestial ou a Mestra Dor os desperte para a autêntica origem, que é o Colo de Deus, o Amor Infinito.

O suprassumo da civilização do futuro — que sempre se inicia hoje para quem entendeu que o progresso é permanente, pois a cada dia surge uma nova descoberta espiritual, científica, filosófica ou moral — está na Ordem Suprema de Jesus. Se parece difícil, comecemos ontem, já que estamos nós, humanidade, em impressionante atraso.

Enquanto isso não for alcançado, o ser humano viverá a **Chave da Morte**, isto é, **a frustração provocada pelo erro** de quem a si mesmo, ou a si mesma, moral e **espiritualmente** se amesquinha.

O Espiritualmente Revolucionário Novo Mandamento do Cristo é a queda de todas as bastilhas dos preconceitos, dos tabus, dos ódios.

* * *

Essa compreensão encontra respaldo no que nos assegurou o Verbo de Deus:

> — *Em verdade, em verdade vos digo:* ***quem ouve a minha Palavra e crê Naquele que me enviou tem a Vida Eterna****, não entra em juízo, mas* ***passou da morte para a Vida*** (Boa Nova, segundo João, 5:24).

E qual é o apogeu da Palavra do Cristo, UM com o Pai, que deve ser vivenciado por todos nós?

— Amai-vos como Eu vos amei. Somente assim podereis ser reconhecidos como meus discípulos. *(...) Não há maior Amor do que doar a própria vida pelos seus amigos.*

Jesus (João, 13:34 e 35; e 15:13)

O Espiritualmente Revolucionário Novo Mandamento do Cristo é a queda de todas as bastilhas dos preconceitos, dos tabus, dos ódios.

A RESSURREIÇÃO DE JESUS E A VITÓRIA FINAL

A morte do corpo é natural, faz parte de uma esquemática divina e nos eleva espiritualmente, quando partimos, na hora certa, para a Vida em outras dimensões. Por isso, o suicídio[68] não é solução para nenhum problema. Pelo contrário, acarretará enormes sofrimentos para quem o pratica, pois a Vida é eterna. Não é esse fenômeno biológico que está sendo mencionado.

Jesus mesmo tratou dessa diferenciação:

> — *Não temais os que matam o corpo e não podem matar a Alma. Temei antes aquele que pode fazer perecer no inferno a Alma e o corpo* (Evangelho, segundo Mateus, 10:28).

---

[68] **Atendimento Pela Vida** — Essa ação de Assistência Espiritual Ecumênica da Religião Divina visa confortar, acolher e esclarecer Irmãs e Irmãos que enfrentam graves desafios, especialmente os que pensam no suicídio. A ação ocorre virtualmente nas redes sociais e ainda conta com visitas presenciais e *on-line* nos lares. Mande mensagem pelo *chat*: Facebook.com/ReligiaodeDeus.

Ou seja, ***o vencedor*** **livra-se de passar pelo processo da morte espiritual, moral e ética.** No entanto, quem vive sob os castradores enganos oriundos da ignorância das Leis de Amor atrai para si indescritível sofrimento que dilacera a Alma das criaturas durante grande tempo. Mas isso não se arrasta eternamente, uma vez que **o fim absoluto não existe nos Universos de Deus**. Logo, **jamais percamos as oportunidades benditas de fazer o Bem que surjam em nossa jornada.**

O abismo atrai o abismo, mas o Céu atrai o Céu!

Imaginem a tristeza para seus Espíritos, caso sejam impedidos de se alimentar dos frutos da Árvore da Vida Eterna, prometida aos que perseveraram além do fim, sendo fiéis até à morte. A dor e a humilhação de serem expulsos para planos inferiores seriam aterradoras. Isso ocorreu com os que foram removidos de um planeta que orbitava em torno da estrela chamada Capela e tiveram de habitar a Terra em tempos longínquos, nas condições mais rústicas[69]. Sabe lá o que é não mais

[69] **Nota de Paiva Netto**

Leiam o que escrevi, em 1981, na página "A humanidade do Absinto", publicada em *O Brasil e o Apocalipse*, volume 1 (1984). Nela, refiro-me a essas multidões de Espíritos, que a tradição religiosa chama de degredados filhos de Eva, expulsos do Paraíso. Hoje, sabemos que são os desterrados de um dos corpos celestes que giram em torno da Estrela Capela. Quando chegaram à Terra? Como se deu sua relação com aqueles que já

encontrar seus entes queridos e amigos e estar em um lugar desconhecido, tendo de conviver com seres primitivos? Quer punição maior do que essa? Pensem nas implicações no campo do sentimento e do progresso. Cadê todas aquelas comodidades do mundo moderno, como luz elétrica, fogão, carro, avião, internet etc.? Agora, é o pé descalço sobre o terreno pedregoso e os animais ferozes atacando. É a grosseria do desamor e a ameaça dos violentos.

> — *Abyssus abyssum invocat* (o abismo atrai o abismo).
>
> (Livro dos Salmos, 42:7)

As Almas desterradas, por agirem à revelia das Normas Celestes, serão atraídas para junto de Espíritos mais violentos que elas. Entretanto, se o abismo atrai o abismo, *Coelum coelum invocat!* (**O Céu atrai o Céu!**)

Contrariando todas as contingências, Jesus sempre ressuscita

Podemos nos livrar desse sofrimento inaudito. Já dizia o Irmão Zarur:

---

se encontravam nos primeiros estágios evolutivos aqui? Serão expulsos novamente deste mundo os que permanecerem na maldade? O que é o planeta Absinto? Todas as respostas para essas perguntas vocês encontrarão no citado texto.

— *Deus é Pai, não é carrasco.*

O Pai Celestial não quer a morte nem a desgraça de Seus filhos. Por isso, martelantemente lembramos aqui que o Apocalipse não é a maldição Dele sobre os povos da Terra. É só o registro antecipado que o Grande Amigo Jesus faz para alertar a humanidade da condenação que ela lança sobre si mesma. E reparem na Misericórdia Divina, neste que era um dos versículos bíblicos prediletos de Martinho Lutero (1483-1546), sendo chamado por ele de "o Evangelho em miniatura":

Martinho Lutero

— ***De tal maneira amou Deus ao mundo, que lhe deu o Seu Filho Unigênito, para que todo aquele que Nele crê não pereça, mas tenha a Vida Eterna*** (Boa Nova, segundo João, 3:16).

O Cristo submeteu-se a todas as desonras, apesar de ser o Chefe Supremo do planeta Terra, para pessoalmente nos legar Sua Lei Maior de Amor. Muitos julgaram tê-Lo derrotado. Isso me faz recordar uma página de autoria de Huberto Rohden (1893-1981), *O Drama Milenar do Cristo e do anti-Cristo*, que publiquei nas *Sagradas Diretrizes Espirituais da Religião de Deus, do Cristo e do Espírito Santo*, volume 1 (1987):

— Violência, traição, deturpação — são estas as armas prediletas com que o anti-Cristo luta contra a intrusão do Cristo em seus domínios terrestres. Aparentemente, o Cristo é sempre derrotado pelo anti--Cristo, sempre crucificado, morto e sepultado, desce até aos infernos — na realidade, porém, o Cristo sempre ressuscita, mesmo de túmulos fechados, sigilados e guardados por Seus inimigos. ***É proibido ressuscitar — mas Ele sempre ressuscita... Os Seus verdadeiros amigos O encontram sempre glorioso****, por toda a parte, em todos os tempos.*

(O destaque é de Paiva Netto.)

Realmente, contra todas as perspectivas, vencendo dramas, lutas e guerras, **Jesus ressurge nos corações de Boa Vontade**. É a vitória do Amor Fraterno, que se manifesta das mais surpreendentes formas, dando **continuidade à existência**. Porque **a Paixão de Jesus não canta a morte, mas exalta a Vida, Vida Eterna**.

As Sagradas Mãos do Cristo se estendem a todos nós

Eis a ligação do primeiro ao último versículo desta Carta: Jesus ***"esteve morto e tornou a viver"***. Sobreviveu a tudo e avançou, suplantando a morte em todos os seus aspectos. E nos estende Suas Generosas Mãos para nos elevarmos a Ele, ao prometer:

— *Sê fiel até à morte, e Eu te darei a coroa da vida* (Apocalipse, 2:10).

Se o Cristo de Deus sofreu para merecer a Vida Eterna e o Divino Poder de abrir os segredos do Pai Celestial à humanidade, de que podemos reclamar?

Ao concluirmos nosso estudo sobre a Carta de Jesus à Igreja em Esmirna, que é uma mensagem, sobretudo, de encorajamento e triunfo do Bem sobre o mal, gostaria de oferecer à leitura de vocês um soneto do saudoso Irmão Zarur, que tem muito a ver com essa Igreja:

A Vitória Final

"De maneira que cada um de nós
dará conta de si mesmo a Deus"
Paulo aos Romanos, 14:12

E sofres, meu irmão... Sofres por quê?
Porque te caluniam detratores,
Esses ferrenhos, míseros censores
Da cega multidão que em Deus não crê?

Temes, acaso, suportar as dores
Que o teu preclaro espírito prevê?
As dores, para quem renasce e vê,
São como esses crisóis depuradores...

Adiante, pois, se queres ter a glória
De ouvir nos céus o canto da vitória,
Numa triunfal aclamação de sons...

Consciente, irmão, do que sozinho vales,
Deixa o mundo falar e nada fales,
Que a vitória final pertence aos bons!

Entoemos também com forte voz esta quadrinha do saudoso Proclamador da Religião do Terceiro Milênio, dedicada aos Legionários da Boa Vontade, Soldados de Deus, Amigos de Jesus:

Marcharemos no Sul e no Norte...
Ninguém pode esta marcha deter!
Pois, se nós não tememos a morte,
A quem é que nós vamos temer?

Tornou-se tradição popular responder a essa pergunta bradando: ***"Ninguém! Jamais!"***

Que a Paz de Deus esteja agora e sempre no coração de cada perseverante do Cristo!

Louvado seja Deus!

FIDELIDADE AO PROVEDOR CELESTE

Academia Jesus, o Cristo Ecumênico, o Divino Estadista *— Com o coração fortalecido por essa tocante mensagem do Mestre Amado aos esmirnenses, nos prepararemos para a próxima jornada de nossos estudos: a Carta de Jesus à Igreja em Pérgamo.*

Na conclusão deste volume, o Presidente-Pregador da Religião de Deus, do Cristo e do Espírito Santo dedica a todos nós esta incentivadora palavra de Fé Realizante:

Rompendo com as algemas

Uma lição marcante na missiva confortadora que o Provedor Celeste endereçou aos cristãos da Igreja em Esmirna é a **Fidelidade**. A partir dessa firme decisão nos ensinamentos do Sábio dos Milênios, é que poderemos bradar com Ele:

— ***Eu venci o mundo!***

Jesus (João, 16:33)

Querem quebrar os possíveis grilhões que atravancam a evolução? Apliquem o Novo Mandamento de Jesus, que fornece o Conhecimento Divino a ser posto em prática em toda e qualquer situação. Recorram à sintonia com os Espíritos de Deus. Eles vivem nos suplicando que mantenhamos esse contato benfazejo, e estão a todo o momento nos observando e nos auxiliando. **Apenas sucumbe quem desiste da luta. Já está em pleno vigor o Governo de Deus, com a união da humanidade de baixo à Humanidade de Cima a serviço do Bem.** E o que ocorre ao toque da Sétima Trombeta?

> — *Mas nos dias da voz do Sétimo Anjo, quando ele estiver para tocar a trombeta,* ***cumprir-se-á então o mistério de Deus****, conforme Ele anunciou aos Seus servos, os Profetas* (Apocalipse, 10:7).

Que mistério é esse que será revelado aos servos fiéis, os Profetas? Jesus mesmo responde:

> — *Não há nada oculto que não seja revelado nem encoberto que não venha a ser conhecido e trazido à luz* (Evangelho, segundo Mateus, 10:26).

É preciso juntar a razão humana à Intuição Divina[70] para compreender que **o Mistério de Deus por Jesus Cristo revelado é o Amor.**

Que os nossos olhos se abram com o resplendor da Ordem Suprema do Cristo, mormente nas horas mais difíceis!

E lembrem-se: **ninguém aprisiona o Espírito de um ser humano liberto**. Todos devemos **permanecer fiéis à nossa Fé em Cristo Jesus**, ainda que a prova final seja o maior tormento supostamente já conhecido por nós, representado aqui pela morte do corpo físico. Mas **o Divino Ressuscitado desmascarou essa ilusão da finitude absoluta**, pois demonstrou ser **o Senhor da Vida Eterna**, suplantando até mesmo tal óbice por meio de **Sua inabalável convicção de que Deus é maior do que qualquer mazela que a matéria tente nos impor.**

O Poder do Altíssimo

A todos que enfrentam seus enormes dramas por Amor ao Cristo, este conforto espiritual que vem do Salmo 91:1 a 16, Antigo Testamento da Bíblia Sagrada:

---

[70] **Nota de Paiva Netto**

A Intuição Divina é, em cada um de nós, a própria Razão do Criador. Por isso, quando efetivamente a cultivamos, o Senhor do Futuro nos avisa com antecedência a respeito dos fatos vindouros, pequenos ou grandes. Se O levamos a sério ou não, é outro caso.

1 *Aquele que habita na proteção do Altíssimo, à
sombra do Onipotente encontrará descanso.*
2 *Acerca do Senhor, direi: **Ele é o meu Deus, o
meu Refúgio, a minha Fortaleza, e Nele confia-
rei.***
3 *Porque Ele te livrará do laço do passarinheiro e
da peste perniciosa.*
4 *Ele te cobrirá com as Suas penas, e debaixo das
Suas asas estarás seguro; a Sua Verdade é escudo e
broquel* [que é outro pequeno escudo].
5 *Não te assustarás do terror noturno, nem da seta
que voa de dia,*
6 *nem da peste que se propaga nas trevas, nem da
mortandade que assola ao meio-dia.*
7 ***Mil cairão ao teu lado, e dez mil, à tua direi-
ta, mas tu não serás atingido.***
8 *Somente com os teus olhos contemplarás e verás o
castigo dos ímpios.*
9 ***Pois disseste: O Senhor é o meu refúgio!** Fi-
zeste do Altíssimo a tua morada.*
10 *Nenhum mal te sucederá, praga nenhuma che-
gará à tua tenda.*
11 *Porque aos Seus Anjos dará ordem a teu respeito,
para que te guardem em todos os teus caminhos.*
12 *Eles te sustentarão nas Suas mãos, para que não
tropeces em pedra alguma.*
13 *Pisarás o leão e a áspide; calcarás aos pés o leão-
zinho e a serpente.*

14 *Porque a mim se apegou com amor, Eu o livrarei, Eu o protegerei, pois conhece o meu nome.*
15 *Ele me invocará, e Eu lhe responderei; estarei com ele na angústia, Eu o livrarei e o glorificarei.*
16 *Dar-lhe-ei abundância de dias e lhe mostrarei a minha salvação.*

Passados os embates e vencidos os cativeiros, a Liberdade Espiritual vem a partir da nossa integração plena no Amor de Jesus.

Graças a Deus!

Uma lição marcante na missiva confortadora que o Provedor Celeste endereçou aos cristãos da Igreja em Esmirna é a Fidelidade. A partir dessa firme decisão nos ensinamentos do Sábio dos Milênios, é que poderemos bradar com Ele: *"Eu venci o mundo!"* (Evangelho de Jesus, segundo João, 16:33).

25 ANOS DO ORATÓRIO — Em 2 de março de 2024, para celebrar os 25 anos do Oratório "O Mistério de Deus Revelado", de autoria de Paiva Netto, ocorreu uma audição dessa obra musical na Igreja Ecumênica da Religião do Terceiro Milênio em São Paulo/SP. Transmitida pela Mídia Legionária para todo o Brasil e exterior, foi interpretada pelo Coral Ecumênico e pela Orquestra Boa Vontade, sob a regência dos maestros legionários Vanderlei Pereira e Alziro Tonin. Na ocasião, o compositor Paiva Netto comemorava 83 anos de vida.

O MISTÉRIO DE DEUS REVELADO

Academia Jesus, o Cristo Ecumênico, o Divino Estadista *— No capítulo anterior, nos deparamos com a força espiritual desta afirmativa do Presidente-Pregador da Religião do Terceiro Milênio:* **"O Mistério de Deus por Jesus Cristo revelado é o Amor"***. Logo, nos lembramos do Oratório "O Mistério de Deus Revelado", de Paiva Netto, cuja gravação foi feita no Bulgaria Hall, em 1999, pelo National Philharmonic Choir "Svetoslav Obretenov" e pela Sofia Symphony Orchestra, da Bulgária, sob a regência do maestro Ricardo Averbach, com arranjo do maestro legionário Vanderlei Pereira.*

Disponível no aplicativo Boa Vontade Play e em plataformas de streaming *como* Spotify, Apple Music e Deezer, *o Oratório superou a marca de 550 mil cópias vendidas do álbum físico, conquistando Disco de Platina Duplo. Em 5 de abril de 2000, teve a sua primeira audição mundial em inglês quando o Coral Ecumênico Boa Vontade se apresentou na sede da Organização das Nações Unidas (ONU) em Nova York, EUA.*

Reproduzimos a seguir, em homenagem a todos os que nos acompanham nesta jornada de estudos, a maravilhosa composição O Novo Mandamento de Jesus, *movimento final do Oratório. Transcrevê-la aqui para o deleite de vocês é muito oportuno, porquanto essa belíssima música honra a Ordem Suprema do Cristo Ecumênico, o Divino Estadista. De acordo com o que sugere o título, ela é o clímax do trabalho musical com a revelação do Segredo de Deus que, segundo o seu autor, foi desvendado por Jesus.*

Aliás, esse título "O Mistério de Deus" foi uma proposta do Espírito Villa-Lobos (pela sensitividade do Cristão do Novo Mandamento Chico Periotto), ao que Paiva Netto incluiu "Revelado". Na visão do autor, não bastava apresentar o Mistério; era preciso fazê-lo revelar-se, abrir-se ao entendimento das gentes. Portanto, o ápice do Oratório é a descoberta do Segredo de Deus que, segundo Paiva Netto, foi desvendado por Jesus em Seu Novo Mandamento. Por tudo isso, o compositor dedicou o conjunto da obra ao famoso maestro brasileiro e a todos os gênios que, com a arte, vêm iluminando a vida dos povos.

O maestro Vanderlei registrou para todos nós: "Em meados do ano de 1998, em julho, Paiva Netto havia retornado de uma viagem missionária extremamente produtiva, que fizera a Portugal. Em sua bagagem, além das muitas vitórias alcançadas, trazia as partituras originais de sua nova composição que, assim que lançada, faria enorme sucesso de venda. Ainda a respeito dela, o próprio compositor afirmou: ***'O Oratório* O Mistério de Deus Revelado *é um Apocalipse Musical, uma Revelação'***".

O Novo Mandamento de Jesus

O coro (vozes masculinas) declama: — Disse Jesus: *"Novo Mandamento vos dou: amai-vos uns aos outros como Eu vos amei. Somente assim podereis ser reconhecidos como meus discípulos, se vos amardes uns aos outros como Eu vos amei. Ninguém tem maior Amor do que este: o de dar a própria vida pelos seus amigos. Assim como o Pai me amou, Eu vos tenho amado. Permanecei no meu Amor"* (Evangelho do Cristo, segundo João, 13:34 e 35; e 15:13 e 9).

O coro (vozes femininas e masculinas) canta:
Amai-vos como Eu vos amei!
Amai-vos como Eu vos amei!

Amai-vos como Eu vos amei!
Amai-vos como Eu vos amei!

O coro declama: — O Mistério de Deus por Jesus Cristo revelado é o Amor!

Baixe o leitor QR Code,
fotografe o código
e assista ao clipe da
música.

PREPARAÇÃO PARA A PRECE

***Academia Jesus, o Cristo Ecumênico, o Divino Estadista** — Concluímos esse empolgante estudo da Carta do Sábio dos Milênios à Sua Igreja em Esmirna. O Presidente-Pregador da Religião Divina nos abriu a mente para a avançadíssima mensagem nela contida, que nos eleva a uma Consciência Espiritual plena. Pensando nisso, trouxemos, para o fechamento deste trabalho, um discurso feito por ele em 21 de abril de 2002, durante histórica Assembleia Magna das Instituições da Boa Vontade, com um breve preâmbulo que o próprio dirigente das IBVs fez acerca desse improviso. Ao final, uma tocante prece dirigida a Jesus, o Senhor da Paz.*

Leiamos o que Paiva Netto ressaltou sobre a Supina Autoridade do Cristo Ecumênico, o Divino Estadista, o Coautor, com Deus, do Apocalipse:

Minhas Amigas e meus Irmãos, minhas Irmãs e meus Amigos, a mensagem confortadora contida na

Carta à Igreja em Esmirna arrebata o nosso coração, porque procede de Quem tem Autoridade Espiritual para transmiti-la: **Jesus, o Bom Pastor**! E falar acerca desse Divino Poder por si só nos preenche da Força Espiritual que promana Daquele **Potentíssimo Farol, Luz que não cria sombras, o Cristo de Deus**!

O Redentor Apocalipse foi redigido com sangue, suor e lágrimas, por uma Alma que não apenas nos aceitou nesta provisória moradia terrena, mas que também doou a Sua Vida para que tivéssemos um mundo mais solidário, fraterno e generoso. Em vista disso, não poderia finalizar essa análise que faço de tão importante documento sem exaltar as Qualidades Celestes presentes em Sua personalidade ímpar.

Por isso mesmo, fui buscar um improviso meu de 21 de abril de 2002, diretamente de Glorinha/RS. Ao final dele, oramos e essa prece será a nossa despedida momentânea de mais um estudo. Vamos lá:

Jesus — o Cabeça da humanidade

Em 1957, no mês de janeiro, o saudoso Irmão Alziro Zarur (1914-1979), em *Jesus Está Chamando!* — um programa radiofônico polêmico, com que o Proclamador da Religião do Terceiro Milênio agitou a consciência nacional, ao pregar as Religiões Irmanadas, o Ecumenismo em uma época em que todo mundo era contra —, fez uma enquete perguntando se os ouvintes desejavam que ele pregasse o Evangelho pelo rádio. Claro que todo mundo quis. Foi dez a zero (risos).

Então, ele — que fundou a Legião da Boa Vontade sob a invocação de Jesus, o Cabeça da humanidade —, atendendo ao apelo popular, começou sua pregação obedecendo à sequência do Evangelho consoante a Bíblia: Mateus, Marcos, Lucas e João. Quando chegou à Boa Nova consoante João, leu o capítulo primeiro, explicando-o na sequência. Ouvir aquela declamação ímpar pelo rádio foi uma das maiores emoções que já senti na minha vida, porque é realmente uma passagem belíssima!

Ali está o resumo da verdade da criação do planeta Terra, da razão das nossas existências neste Orbe Celeste, da Caridade do Cristo por permitir que vivamos sob a Sua abençoada tutela e indispensável proteção. O Evangelista-Profeta registra as palavras e os exemplos do Mestre Jesus, mostra a divindade do que Ele disse. Aliás, essa é a tônica que transparece ao longo das páginas do Evangelho de Nosso Mestre e Senhor, segundo o Discípulo Amado.

Observem a ambiência espiritual que se forma. Transportem-se comigo ao ano de 1957, e lhes direi as razões da comoção que me arrebatou naquele dia tão longínquo:

A encarnação do Verbo

(Boa Nova do Cristo, consoante João, 1:1 a 18)

1 *No princípio era o Verbo, e o Verbo estava com*
Deus, e o Verbo era Deus.
2 *Ele estava no princípio com Deus.*
3 *Todas as coisas foram feitas por Ele, e, sem Ele,*
nada do que foi feito se fez: Cristo Jesus.
4 *A vida estava Nele e a vida era a luz do mundo.*
5 *A luz resplandece nas trevas, e as trevas não pre-*
valeceram contra ela.
6 *Houve um homem mandado por Deus, cujo*
nome era João.
7 *Este veio como testemunha para que testificasse a*
respeito da luz, a fim de que todos a vissem e cressem
nela por intermédio dele.
8 *Ele não era a luz, mas veio para que testificasse*
da luz,
9 *a saber, a verdadeira luz, que, vinda ao mundo,*
ilumina a todo homem.
10 *O Verbo estava no mundo, o mundo foi feito por*
Ele, mas o mundo não O conheceu.
11 *Ele veio para o que era Seu, e os Seus não O*
receberam.
12 *Mas, a todos quantos O receberam, deu-lhes o*
poder de serem feitos filhos de Deus, a saber, aos que
creem no Seu nome;

13 os quais não nasceram do sangue, nem da vontade da carne, nem da vontade do homem, mas de Deus.
14 E o Verbo se fez carne e habitou entre nós, cheio de graça e de verdade; e vimos a Sua glória, glória como do Unigênito do Pai.
15 João testemunha a respeito Dele e exclama: Este é Aquele de Quem eu disse: O que vem depois de mim tem, contudo, a primazia, porque antes de mim Ele já existia.
16 Porque todos nós temos recebido da Sua plenitude e graça sobre graça.
17 Porque a lei foi dada por intermédio de Moisés; a graça e a verdade vieram por meio de Jesus Cristo.
18 Ninguém jamais viu a Deus; o Filho Unigênito, que está no seio do Pai, é Quem O revelou.

Por que a minha emoção naquele dia e agora? Eu tinha 16 anos. A partir daí, Alziro Zarur fez uma revelação maravilhosa: **a Unidade de Jesus com Deus**, que é o fundamento de tudo o que queremos realizar, realizamos e realizaremos, pois **o nosso eterno compromisso é com Jesus**, não é com qualquer ser humano falível.

O Evangelista João, logo de início, afirma:

1 No princípio era o Verbo, e o Verbo estava com Deus, e o Verbo era Deus.

Sintam a profundidade do significado da explicação de Zarur: **o Evangelista-Profeta prontamente**

demonstra a Unidade de Jesus com o Pai Celestial. Logo, tudo que vem em seguida — e naturalmente o próprio Apocalipse — tem uma importância infinita, porque **vai ser proclamado a respeito de Quem é UM com o Criador do Universo**:

> [2] ***Ele estava no princípio com Deus.***

Olhem, digamos, a idade espiritual do Cristo. E, nas questões do Espírito, quanto mais antigo, mais jovem, mais sábio...

Na sequência, João Evangelista se refere à origem do verdadeiro poder, que é óbvia aos que querem a Paz e desagradável aos que buscam o domínio de rebanhos, organizações, povos, tribos... Costumo afirmar que **ninguém tem poder, mas instantes de poder, dos quais prestará severas contas ao Senhor do Poder, que é Deus, e, na Terra, ao Cristo, por intermédio do Espírito Santo ou Espírito da Verdade**. Já lhes expliquei que o Paráclito é formado por Almas que estão em plena Revolução Social dos Espíritos de Luz pelo mundo. Social porque eles são os primeiros proclamadores, propugnadores da Sociedade Solidária Altruística Ecumênica.

> [3] ***Todas as coisas*** [vejam bem!, todas] *foram feitas por intermédio Dele, e, sem Ele, nada do que foi feito se fez, Cristo Jesus.*

Ora, Quem criou o planeta Terra foi Jesus! Ele é o Coautor, com Deus, deste orbe em que a Misericórdia Divina permite que existamos. Se Ele fez tudo isso para nos abrigar, seres vivos que aqui estamos, contribuindo com a nossa evolução, devemos reconhecer que toda a humanidade é espiritualmente Dele. Portanto, toda a humanidade é cristã![71] Reparem que pensamento avançadíssimo o saudoso Irmão Zarur nos deixou, e eu desenvolvi e aprofundei essas definições.

Unidade do Cristo com Deus

Foi justamente a partir da ideia da Unidade do Cristo com Deus e da experiência prática legionária de cuidado e socorro aos mais necessitados que nasceram inúmeros conceitos de vanguarda, a exemplo da dessectarização de Jesus. Aliás, tese que apresentei como resposta a uma instigante pergunta feita a mim pelo ilustre jornalista, produtor de documentários da TV polonesa e então vice-presidente da Associação Universal de Esperanto, Roman Dobrzyński. Ele estava no Brasil para participar da inauguração do Templo da Boa Vontade, em Brasília/DF, em 1989. Na ocasião, em entrevista, perguntou-me como po-

[71] ***"Toda a humanidade é cristã"*** — Leia sobre o assunto em outro volume da coleção "O Apocalipse de Jesus para os Simples de Coração", *Somos todos Profetas* (1991), no subtítulo *"Toda a humanidade é cristã"*, no capítulo "Proclamação do Apocalipse".

dia pregar o Ecumenismo Irrestrito falando em Jesus. Respondi-lhe, conforme tantas vezes expusera meu pensamento acerca desse tópico, que uma das grandes tarefas da Religião de Deus, do Cristo e do Espírito Santo é dessectarizá-Lo[72]. Isso suscitou o meu amigo jornalista Francisco de Assis Periotto, membro da Associação Brasileira de Imprensa (ABI), a escrever que estávamos proclamando agora **a dessectarização do Cristianismo**.

Afinal, Jesus não pertence a nenhuma crença religiosa, por mais notável que seja. É o contrário: Ele paira acima de todas elas, pois Sua Divina Pregação está plenamente consubstanciada naquilo que as fundamenta: o Amor Divino em toda a sua pureza.

Com o Cristo não ocorre o que tenho chamado a atenção há décadas: existem pessoas, mesmo destacadas figuras da humanidade — e não estamos tirando sua importância —, que rebaixam as grandes ideias às contingências de suas capacidades de entendimento restrito de sua contemporaneidade. Ideias que acessaram em um plano superior, e acabam sendo condicionadas à compreensão espiritualmente limitada dos povos a que vieram apresentá-las, para que se elevas-

[72] *Vide* o capítulo "Quanto à Dessectarização de Jesus, o Cristo de Deus", no segundo volume das *Sagradas Diretrizes Espirituais da Religião de Deus, do Cristo e do Espírito Santo* (1990), no qual Paiva Netto explica detalhadamente o tema.

sem. E aí reside a decadência de nobres aspirações, ou o atraso doloroso de seu triunfo.

Daí todas essas teses ecumênicas, que a tanta gente de Boa Vontade tem empolgado e sigo publicando em meus livros, a fim de modestamente contribuir para que o maior número de pessoas alcance a magnanimidade da Revelação do Cristo de Deus, livre de estigmas e limitações castradoras. Essa beleza inigualável que desce do Mundo Espiritual vem se descortinando em pequenas porções para quem tem *"olhos de ver"*, pois a vida é uma escola e há vários graus de aprendizado na direção do Pai Celestial. Conforme disse ao Roman, **Jesus é, acima de tudo, uma generosa e atualíssima ideia em marcha, que merece ser estudada e vivida por todas as Almas antissectárias, libertas de preconceitos e tabus.**

A emoção de um jovem

Observem, eu tinha 16 anos e senti tudo isso quando o saudoso Proclamador da Religião Divina leu esse fabuloso capítulo primeiro do Evangelho de Jesus consoante João. Ouvindo-o, me sobreveio uma emoção enorme, por ser **esse o princípio capaz de derrubar todas as barreiras que separam as criaturas de Deus**, não somente no campo religioso, mas no político, no científico, no filosófico, no econômico, no doméstico, no público e daí por diante.

Logo, o que temos para oferecer à humanidade é de uma grandeza tão infinita que Jesus não permite que saibamos toda ela de uma só vez, visto que seríamos esmagados, ou então ficaríamos cegos diante de tanta resplandecência. Afinal de contas, o que está aqui — e João retratou esplendidamente — é a Luz do Cristo Ecumênico, o Estadista Celeste. Como é que algum ser humano teria capacidade de esconder tamanha luminosidade?!

Essa Palavra Divina, que **não causa prejuízo algum a quem quer que seja, porque só faz o Bem, é o código de ética, de governo, de sabedoria que desce até nós dos Planos Espirituais mais elevados**. E **o Cristo, em Sua trajetória para alcançá-la, deve ter percorrido caminhos dificílimos e inimagináveis durante milhões e milhões de anos. Com toda essa Meritória Bagagem, Ele vem e inspira João**, que registra para a Eternidade em letras de forma. Está aí, há dois mil anos, é uma riqueza tamanha, e tanta gente no mundo ainda não dá a atenção devida à Sua eletrizante mensagem.

Mas o que adianta sabermos isso, se não tivermos **a coragem de avançar e proclamar essa Verdade Sublime**, que custou a Jesus Sua crucificação?!

Com o meu coração repleto do Amor Fraterno, eu os convido a cerrar fileira conosco nessa marcha vitoriosa — porque **do Evangelho-Apocalipse só vem Amor, pois Deus é Amor e Jesus é o Amor vivo entre nós**. *"E nada existe fora desse Amor"*, como sabiamente completava Zarur.

Vamos orar!

Bem, elevemos o nosso pensamento a Deus em uma fervorosa prece de agradecimento por mais essa etapa de nossa jornada terrena (e por tudo o que aprendemos estudando a Bendita Carta de Jesus à Igreja em Esmirna).

Pai-Nosso — A Constituição Espiritual do mundo

(A Oração Ecumênica de Jesus que se encontra no Seu Santo Evangelho, segundo Mateus, 6:9 a 13.)

Pai Nosso, que estais no Céu,
santificado seja o Vosso Nome.
Venha a nós o Vosso Reino.
Seja feita a Vossa Vontade,
assim na Terra como no Céu.
O pão nosso de cada dia dai-nos hoje.
Perdoai as nossas dívidas,
assim como nós perdoarmos aos nossos devedores.
E não nos deixeis cair em tentação,
mas livrai-nos do mal,
porque Vosso é o Reino,
e o Poder, e a Glória para sempre.
Amém!

Ó Jesus, cuja Misericórdia nos sustenta! Aqui estamos para Te agradecer por este manjar espiritual que o Teu coração generoso, mais uma vez, colocou à nossa mesa: a palavra do Mundo Espiritual, **o Teu Reino que baixa à Terra por força do Teu Poder e da Tua Competência Divina. Só Tu, Jesus, podes realmente afastar a humanidade do perigoso caminho que teima trilhar.** Os seres humanos, ao que tudo indica, perderam a sensatez. Se não fazem guerra, falam em guerra, pensam em guerra. Por isso, **os corações têm de ser desarmados.** E somente Tu, Divino Mestre, Estratego Celeste, possuis moral, conhecimento e habilidade para realizar milagre tamanho. Queremos nós ser o instrumental à Tua disposição.

E, como ordenaste ***"Ide e pregai, dizendo que é chegado o Reino de Deus"***[73], Senhor, multiplica e fortalece os nossos meios de comunicação (rádio, TV e publicações) e mundializa a Tua Obra de Boa Vontade por meio da internet. **Não há trabalho humilhante nesta Seara de Deus. Todos os serviços visam servir-Te.** Dessa forma, socorridos estarão os que necessitam do Teu Amparo, da Tua Palavra, do Teu Exemplo, seja na matéria ou no Espírito. **Faze do coração legionário aquela fortaleza inexpugnável pelo mal. Tu, Jesus, já tomaste conta da praça de nossa vida.** E nós nos sentimos seguros na Divina Segurança das Tuas Seguras Mãos.

Abençoa todos os que me honram com sua paciente leitura, formando a partir de cada mente e coração uma

---

[73] Evangelho do Cristo, segundo Mateus, 10:7.

egrégora da Tua Paz. A nossa competência aumenta na medida direta do Amor Fraterno que nos une, porque o Teu Novo Mandamento é a nossa Lei: *"Amai-vos"*.

Senhor, além do fim, ou seja, adiante daquilo tido como finitude, continuaremos a seguir os Teus passos, a cumprir a Tua vontade, a reproduzir os Teus feitos e ensinamentos. **Tudo podemos em Ti.**

Brasil, Coração do Mundo, Pátria do Evangelho[74] e do Apocalipse. **Não há poder humano que impeça o cumprimento na íntegra do teu Planejamento Infalível, aprovado pelo Pai Celestial.**

Dá-nos saúde. Protege as Tuas crianças, os Teus jovens, os Teus soldados da Religião do Amor Universal e todos os de Boa Vontade pelo mundo. Ilumina tudo o que tem de ser feito em benefício dos povos. E cura os que estão enfermos do corpo e da Alma. Ampara as mães do Brasil e da humanidade. **És, Jesus, fortaleza aos pais, carinho aos avós; medicina para os que estão acamados; alimento para quem tem fome, água para quem tem sede; sabedoria para quem carece do Conhecimento Santificante.** A salvação nos chega por Teu intermédio e a Teu serviço estão aqueles que ainda são invisíveis aos nossos fracos sentidos huma-

[74] ***Brasil, Coração do Mundo, Pátria do Evangelho*** — Aqui, Paiva Netto se vale da referência ao título da obra de Humberto de Campos (Espírito), com o mesmo nome, na psicografia de Francisco Cândido Xavier (1910-2002), cujo enfoque é o grande destino espiritual de nossa pátria.

nos, aos olhos, em particular, mas que nos socorrem por Tua Excelsa Vontade.

Conduze, Jesus, os passos da gloriosa Revolução Mundial dos Espíritos de Luz ou Revolução Social dos Espíritos de Deus, na Quarta Revelação. O destino do Brasil tem uma magia especial. E essa Magia chama-se Jesus, nosso Senhor!

Que sejamos revestidos pela Competência Divina e tornemo-nos mais iluminados, mais fortalecidos, mais decididos, mais conscientes de que **o caminho da vitória tem um nome: Jesus, o Filho de Deus**!

Portanto, vamos em frente, porque o Cristo caminha na vanguarda desse Movimento, conforme revelou André Luiz (Espírito), pela psicografia de Chico Xavier:

> ***— A Legião da Boa Vontade é a nossa caravana de agora. Não nos iludamos: Jesus caminha na vanguarda do nosso Movimento.***

Como sabiamente recomendava o saudoso Irmão Zarur:

> ***— Em qualquer circunstância, pensem logo em Jesus.***

Que a Paz de Deus esteja agora e sempre com todos nós, no coração dos que amamos e de toda a humanidade visível e invisível!

— *Glória a Deus nas Alturas, Paz na Terra aos homens* [e às mulheres, aos jovens, às crianças e aos Espíritos, Almas Benditas] *da Boa Vontade de Deus!* (Evangelho, segundo Lucas, 2:14.)

Quem confia em Jesus não perde o seu tempo, porque Ele é o Grande Amigo que não abandona amigo no meio do caminho.

Deus Está Presente!
Viva Jesus, o Cristo Estadista, que já vem, em nossos corações para sempre!

ORAÇÃO ECUMÊNICA E BEM-AVENTURANÇAS

PRECE DE CÁRITAS[75]

Deus, nosso Pai,
que sois todo Poder e Bondade,
dai força àqueles
que passam pela provação,
dai luz àqueles
que procuram a Verdade,
ponde no coração do homem
a Compaixão e a Caridade.
Deus!
Dai ao viajor a estrela-guia,
ao aflito, a consolação,
ao doente, o repouso.
Induzi o culpado ao arrependimento.
Dai ao Espírito a Verdade,
à criança, o guia,
ao órfão, o pai.

---

[75] De autoria do Espírito Cáritas, a súplica foi psicografada na noite de Natal de 1873, por madame W. Krell, em Bordeaux, França, e publicada em *Rayonnements de la Vie Spirituelle* [Irradiações da Vida Espiritual].

Senhor! Que a Vossa Bondade
se estenda sobre tudo o que criastes.
Piedade, Senhor,
para aqueles que não Vos conhecem,
esperança para aqueles que sofrem.
Que a Vossa Bondade permita
aos Espíritos consoladores
derramarem por toda a parte a Paz,
a Esperança, a Fé!
Ó Deus!
Um raio, uma centelha do Vosso Amor
pode iluminar a Terra,
deixai-nos beber nas fontes
dessa Bondade fecunda e infinita.
E todas as lágrimas secarão,
todas as dores se acalmarão.
Um só coração, um só pensamento subirá até Vós,
como um grito de reconhecimento e de Amor.
Como Moisés sobre a montanha,
nós Vos esperamos com os braços abertos,
Ó Bondade,
Ó Beleza,
Ó Perfeição.
Nós queremos, de alguma sorte,
merecer a Vossa Misericórdia.
Deus!
Dai-nos força,
ajudai o nosso progresso

a fim de subirmos até Vós;
dai-nos a Caridade pura e a humildade;
dai-nos a fé e a razão;
dai-nos a simplicidade,
Pai,
que fará de nossas Almas
o espelho onde se refletirá
a Vossa Divina Imagem.

AS BEM-AVENTURANÇAS DO SERMÃO DA MONTANHA DE JESUS

(Santo Evangelho do Cristo, segundo Mateus, 5:1 a 12, da magnífica forma com que Alziro Zarur as proferia.)

Jesus, vendo a multidão, subiu ao monte e ensinava aos Seus discípulos, dizendo:

Bem-aventurados os humildes,
porque deles é o Reino do Céu.
Bem-aventurados os que choram,
porque eles serão consolados pelo próprio Deus.
Bem-aventurados os pacientes,
porque eles herdarão a Terra.
Bem-aventurados os que têm fome e sede de Justiça,
porque eles terão o amparo da Justiça Divina.
Bem-aventurados os misericordiosos,
porque eles alcançarão misericórdia.
Bem-aventurados os limpos de coração,

porque eles verão Deus face a face.
Bem-aventurados os pacificadores,
porque eles serão chamados filhos de Deus.
Bem-aventurados os que são perseguidos por causa da Verdade, porque deles é o Reino do Céu.
Bem-aventurados sois vós, quando vos perseguem,
quando vos injuriam e, mentindo,
fazem todo o mal contra vós por minha causa.
Exultai e alegrai-vos,
porque é grande o vosso galardão no Céu.
Porque assim foram perseguidos os Profetas
que vieram antes de vós.

AS SETE BEM-AVENTURANÇAS DO APOCALIPSE DE JESUS[76]

Não somente o Evangelho de Jesus registra Bem-Aventuranças, como as do Sermão da Montanha. Os estudiosos do Apocalipse também as encontram em suas páginas iniciáticas e decifráveis aos que têm *"olhos de ver e ouvidos de ouvir"*.

Primeira

— Bem-aventurados aqueles que leem e aqueles que ouvem as palavras da profecia deste Livro e guardam as coisas nele escritas, pois o Tempo está próximo (1:3).

[76] **As Sete Bem-Aventuranças do Apocalipse de Jesus** — A íntegra do documento de Paiva Netto sobre esse tema pode ser lida em *As Profecias sem Mistério* (1998). Adquira pelo *site* www.PaivaNetto.com/livros.

Segunda

— Então, ouvi uma voz do Céu, que me dizia: Escreve: Bem-aventurados os mortos que, desde agora, morrem no Senhor. Doravante, diz o Espírito, que descansem das suas fadigas, pois as suas obras os acompanham (14:13).

Terceira

— Eis que venho como vem o ladrão. Bem-aventurado aquele que vigia e guarda as suas vestiduras, para não andar nu, e não se veja a sua vergonha (16:15).

Quarta

— Então, me falou o Anjo: Escreve: Bem-aventurados aqueles que são chamados à ceia das bodas do Cordeiro. E acrescentou: São estas as verdadeiras palavras de Deus (19:9).

Quinta

— Bem-aventurados e santos aqueles que têm parte na primeira ressurreição. Sobre esses a segunda morte não tem autoridade; pelo contrário, serão sacerdotes de Deus e de Cristo Jesus, e reinarão com Ele os mil anos (20:6).

Sexta

— E prometeu o Cristo: Eis que venho sem demora. Bem-aventurado aquele que guarda as palavras da profecia deste Livro (22:7).

Sétima

— *Bem-aventurados aqueles que lavam as suas vestiduras no sangue do Cordeiro de Deus, para que lhes assista o direito à Árvore da Vida Eterna, e para entrarem na cidade pelas portas* (22:14).

TEMPLO DA BOA VONTADE

Sede Espiritual da Religião de Deus, do Cristo e do Espírito Santo

Aclamado pelo povo uma das Sete Maravilhas de Brasília/DF, Brasil, o Templo da Boa Vontade (TBV), símbolo maior do Ecumenismo Divino, a Pirâmide

das Almas Benditas, a Pirâmide dos Espíritos Luminosos, é o monumento mais visitado de Brasília, segundo dados oficiais da Secretaria de Turismo do Distrito Federal (Setur-DF). Desde que foi fundado por Paiva Netto, em 21 de outubro de 1989, já recebeu mais de 30 milhões de peregrinos. **Na foto**, da esquerda para a direita, o Parlamento Mundial da Fraternidade Ecumênica (o ParlaMundi da LBV), a sede administrativa e o TBV, localizados na Quadra 915 Sul. Outras informações: (61) 3114-1070 / www.TBV.com.br.

BIBLIOGRAFIA

A Bíblia de Jerusalém. São Paulo: Paulus, 1995.

A Bíblia Sagrada. Tradução Padre Antônio Pereira de Figueiredo. Rio de Janeiro: Edição Barsa, 1964.

A Bíblia Sagrada. Tradução Centro Bíblico Católico. 60 ed. São Paulo: Ave Maria, 1988. Tradução dos originais mediante a versão dos Monges de Maredsous (Bélgica).

A Bíblia Sagrada: Antigo e Novo Testamento. Tradução para o português de João Ferreira de Almeida. Brasília: Sociedade Bíblica do Brasil, 1969.

A Bíblia Sagrada: nova edição papal. Traduzida das línguas originais com uso crítico de todas as fontes antigas pelos missionários capuchinhos de Lisboa. Charlotte, North Carolina, USA: C. D. Stampley Enterprises, Inc., 1974.

A Bíblia Sagrada. Tradução dos textos originais, com notas, dirigida pelo Pontifício Instituto Bíblico de Roma. São Paulo: Paulinas, 1976.

A Bíblia Sagrada: Antigo e Novo Testamento. Tradução Padre Matos Soares. Porto: Grandes Oficinas Gráficas da Sociedade de Papelaria, 1954. 4.v.

Alcorão Sagrado. Tradução do professor Samir El-Hayek. São Paulo: Tangará, 1975.

ANDRÉ LUIZ (Espírito). **Agenda cristã.** Psicografado por Francisco Cândido Xavier. 42. ed. Rio de Janeiro: FEB, 2005.

ANDRÉ LUIZ (Espírito). **Os mensageiros.** Psicografado por Francisco Cândido Xavier. 23. ed. Rio de Janeiro: FEB, 1990.

Antologia da Boa Vontade. Rio de Janeiro: Editora da Boa Vontade, 1955.

ARISTÓTELES. **Ética a Nicômaco.** Brasília: Editora UnB, 2001.

BARBOSA, Rui. **Oração aos moços.** Edição popular anotada por Adriano da Gama Kury. 5. ed. Rio de Janeiro: Casa de Rui Barbosa, 1999.

BOTELHO, Camilo Cândido (Espírito). **Memórias de um suicida.** Psicografado por Yvonne A. Pereira. 27. ed. Brasília: FEB, 2012.

BUDDHA [Siddhartha Gautama]. **Sutta Pittaka.** Traduções dos suttas do páli para o inglês feitas por reconhecidos tradutores, incluindo: Thanissaro Bhikkhu, Maurice Walsh, Bhikkhu Boddhi, Narada Thera, T. W. Rhys Davis, Bhikkhu Ñanamoli, Nyanaponika Thera, Piyadassi Thera, David J. Kalupahana, John D. Ireland, F. L. Woodward, H. Saddhatissa e V. Fausboll. Tradução do inglês para o português feita por Michael Beisert, com a revisão de Yvone Beisert. URL: http://www.acessoaoinsight.net. Acesso em 19/8/2015.

CONFUCIUS. **The Analects.** Translated with an introduction by D.C. Lau. England: Penguin Group, 1979.

CESAREIA, Eusébio de. **História eclesiástica.** Rio de Janeiro: CPAD, 1999.

CUNHA, Casimiro (Espírito). **Pássaros humanos.** Pela psicografia de Francisco Cândido Xavier. São Bernardo do Campo: Editora GEEM, 1994.

EMMANUEL (Espírito). **Leis de amor.** Psicografado por Francisco Cândido Xavier e W. Vieira. São Paulo: FEESP, 1963.

EMMANUEL (Espírito). **Rumo certo.** Psicografado por Francisco Cândido Xavier. Rio de Janeiro: FEB, 1971.

ESMIRNA, Policarpo de. *et al.* **Padres apóstolos.** Tradução Ivo Storniolo, Euclides M. Balancin. São Paulo: Paulus, 1995. (Coleção Patrística, v.1).

FRANKL, Viktor; LAPIDE, Pinchas. **Búsqueda de Dios y sentido de la vida: Diálogo entre un teólogo y un psicólogo.** Barcelona: Herder, 2005.

GOETZ, William R. **Apocalypse next.** Camp Hill, PA: Horizon Books, 1996.

GANDHI, Mahatma. **All Men Are Brothers: Life and Thoughts of Mahatma Gandhi as Told in his Own Words.** Compiled and edited by Krishna Kripalani. New York: Columbia University Press and UNESCO, 1958.

GANDHI, Mohandas; DUNCAN, Ronald. **Gandhi:** Selected Writings. New York: Dover Publications, 2005.

JOSEPHUS, Flavius. **The works of Josephus:** complete and unabridged.

Translated by William Whinston. Peabody, Mass.: Hendrickson Publishers, 1988.

LIÃO, Irineu de. **Contra as heresias.** Tradução Lourenço Costa. São Paulo: Paulus, 1995. (Coleção Patrística, v.4).

MÍNIMUS [Wantuil de Freitas]. **Síntese de o Novo Testamento.** 4. ed. Rio de Janeiro: FEB, 1979.

PAIVA NETTO, José de. **A Esperança não morre nunca.** São Paulo: Editora Elevação, 2020.

PAIVA NETTO, José de. **A Missão dos Setenta e o "lobo invisível".** São Paulo: Editora Elevação, 2018.

PAIVA NETTO, José de. **Apocalipse sem medo.** São Paulo: Editora Elevação, 2000.

PAIVA NETTO, José de. **As profecias sem mistério.** São Paulo: Elevação, 1998.

PAIVA NETTO, José de. **Cartilha de Reeducação Espiritual Iniciática Apocalíptica — CREIA.** São Paulo: Legião da Boa Vontade, 1989.

PAIVA NETTO, José de. **Como vencer o sofrimento.** São Paulo: Elevação, 1990.

PAIVA NETTO, José de. **Epístola Constitucional do Terceiro Milênio.** São Paulo: Legião da Boa Vontade, 1988.

PAIVA NETTO, José de. **Jesus, a dor e a origem de Sua autoridade:** o Poder do Cristo em nós. São Paulo: Elevação, 2014.

PAIVA NETTO, José de. **Jesus e a Cidadania do Espírito.** São Paulo: Editora Elevação. 2019.

PAIVA NETTO, José de. **Jesus, o Libertador Divino.** 2. ed. São Paulo: Editora Elevação. 2022.

PAIVA NETTO, José de. **Jesus, o Profeta Divino.** São Paulo: Editora Elevação. 2011.

PAIVA NETTO, José de. **Jesus, Zarur, Kardec e Roustaing, na Quarta Revelação.** 8. ed. São Paulo: LBV, 1984.

PAIVA NETTO, José de. **Livro de Deus:** Religião, Filosofia, Ciência e Política de Deus. 25. ed. Rio de Janeiro: LBV, 1982.

PAIVA NETTO, José de. **Livro Jesus.** Rio de Janeiro: LBV, 1983.

PAIVA NETTO, José de. **O Brasil e o Apocalipse.** São Paulo: LBV, 1984, v. 1; 1985, v. 2; 1996, v. 3.

PAIVA NETTO, José de. **O Capital de Deus.** No prelo

PAIVA NETTO, José de. **O Diário de um Cristão do Novo Mandamento de Jesus.** No prelo.

PAIVA NETTO, José de. **Os mortos não morrem.** São Paulo: Editora Elevação. 2018.

PAIVA NETTO, José de. **Sagradas Diretrizes Espirituais da Religião de Deus, do Cristo e do Espírito Santo.** São Paulo: LBV, 1987, v. 1.

PAIVA NETTO, José de. **Sagradas Diretrizes Espirituais da Religião de Deus, do Cristo e do Espírito Santo.** São Paulo: LBV, 1990, v. 2.

PAIVA NETTO, José de. **Sagradas Diretrizes Espirituais da Religião de Deus, do Cristo e do Espírito Santo.** São Paulo: LBV, 1991, v. 3.

PAIVA NETTO, José de. **Somos todos profetas.** 45. ed. São Paulo: Editora Elevação, 2022.

PAIVA NETTO, José de. **Tesouros da Alma.** São Paulo: Editora Elevação, 2017.

PAIVA NETTO, José de. **Voltamos!** A Revolução Mundial dos Espíritos. São Paulo: Legião da Boa Vontade, 1996.

PERSCH, Pe. Léo. **Um Só Evangelho ou Harmonia dos Evangelhos.** Campinas/SP: Raboni, 1996.

ROHDEN, Huberto. **O drama milenar do Cristo e do anti-Cristo.** São Paulo: Fundação Alvorada, 1972.

SMITH, Uriah. **Thought, critical and practical, on the Book of Revelation.** Battle Creek, Michigan: Stem Press of the Seventh-Day Adventist Publishing Association, 1865.

TAHAN, Malba. **Lendas do céu e da terra.** 23. ed. Rio Janeiro: Record, 1998.

ZARUR, Alziro. **Mensagem de Jesus para os sobreviventes.** 24. ed. Rio de Janeiro: Legião da Boa Vontade, 1978.

ZARUR, Alziro. **Poemas da Era Atômica.** 9. ed. Rio de Janeiro: Legião da Boa Vontade, 1979.

ÍNDICE DE NOMES

ÍNDICE DE MATÉRIAS

BIOGRAFIA DO FUNDADOR DA ACADEMIA JESUS, O CRISTO ECUMÊNICO, O DIVINO ESTADISTA

José de Paiva Netto, escritor, jornalista, radialista, compositor e poeta, nasceu em 2 de março de 1941, no Rio de Janeiro/RJ, Brasil. É Presidente da Legião da Boa Vontade (LBV) e Presidente-Pregador da Religião de Deus, do Cristo e do Espírito Santo. Membro efetivo da Associação Brasileira de Imprensa (ABI) e da Associação Brasileira de Imprensa Internacional (ABI-Inter), é filiado à Federação Nacional dos Jornalistas (Fenaj), à International Federation of Journalists (IFJ), ao Sindicato dos Jornalistas Profissionais do Estado do Rio de Janeiro, ao Sindicato dos Escritores do Rio de Janeiro, ao Sindicato dos Radialistas do Rio de Janeiro e à União Brasileira de Compositores (UBC). Integra também a Academia de Letras do Brasil Central. É autor de referência internacional na defesa dos direitos humanos e na conceituação da causa da Cidadania e da Espiritualidade Ecumênicas, que, segundo ele, constituem *"o berço dos mais generosos valores que nascem da Alma, a morada das emoções e do raciocínio iluminado pela intuição, a ambiência que abrange tudo o que transcende ao campo comum da matéria e provém da sensibilidade humana sublimada, a exemplo da Verdade, da Justiça, da Misericórdia, da Ética, da Honestidade, da Generosidade, do Amor Fraterno. Em suma, a constante matemática que harmoniza a equação da existência espiritual, moral, mental e humana. Ora, sem esse saber de que existimos em dois planos, portanto não unicamente no físico, fica difícil alcançarmos a Sociedade realmente Solidária Altruística Ecumênica, porque continuaremos a ignorar que o conhecimento da Espiritualidade Superior eleva o caráter das criaturas e, por conseguinte, o direciona à construção da Cidadania Planetária".*

Entre as inúmeras homenagens recebidas, foi agraciado com a Medalha do 1º Centenário da Academia Brasileira de Letras (ABL); nomeado Comendador da Ordem do Rio Branco, pelo Ministério das Relações Exteriores; e condecorado com o Grau de Comendador, pelo Conselho da Ordem do Mérito Aeronáutico, e com a Medalha do Pacificador, pelo Ministério do Exército Brasileiro.

Filho primogênito de Idalina Cecília de Paiva (1913-1994) e Bruno Simões de Paiva (1911-2000) — que tiveram como padrinho de casamento Dorival Caymmi (1914-2008) — e irmão de Lícia Margarida de Paiva (1942-2010). Teve a infância e a juventude marcadas por uma preocupação incomum com temas espirituais, filosóficos, educativos, sociais, políticos, científicos e econômicos, além de um profundo senso de auxílio aos necessitados.

Estudou no tradicional Colégio Pedro II, na capital fluminense, do qual recebeu o título de Aluno Eminente, sendo homenageado com placa de bronze na sede desse conceituado colégio-padrão. Em 1956, ainda adolescente, iniciou sua jornada vitoriosa ao lado do saudoso Fundador da Legião da

Boa Vontade, o radialista, jornalista, escritor, poeta e filósofo brasileiro Alziro Zarur (1914-1979). Paiva Netto foi o principal Assessor dele durante quase um quarto de século. Para se dedicar totalmente à LBV, abandonou a vocação para a Medicina. Mais tarde, tornou-se Secretário-Geral (cargo equivalente ao de Vice-Presidente) da Instituição e, com o falecimento de Zarur, sucedeu-o.

Compositor e produtor musical, foi aluno do professor Homero Dornelas (1901-1990), assessor do notável Villa-Lobos (1887-1959). Elaborou a "Marcha dos Soldadinhos de Deus", interpretada pela primeira vez em 21 de abril de 1960, por meninos amparados pelo Instituto São Judas Tadeu, no Rio de Janeiro, onde colaborava como voluntário. A apresentação foi uma homenagem a Brasília/DF, Brasil, que o então Presidente da República Juscelino Kubitschek (1902-1976) inaugurava naquela data.

À frente da Legião da Boa Vontade desde 1979, multiplicou as ações desta nas áreas da educação e da promoção humana e social, por meio das unidades de atendimento da Instituição, as quais abrangem escolas-modelo de educação básica, abrigos para idosos e centros comunitários de assistência social. Tais espaços fazem parte de um projeto ainda maior, criado por Paiva Netto e a que ele se tem dedicado há bastante tempo: a Educação com Espiritualidade Ecumênica, consubstanciada em uma vanguardeira linha pedagógica, que propõe um modelo novo de aprendizado, o qual alia cérebro e coração. Essa proposta educacional, composta da Pedagogia do Afeto e da Pedagogia do Cidadão Ecumênico, é aplicada com sucesso na rede de ensino da LBV e nos serviços e programas socioeducacionais desenvolvidos pela Legião da Boa Vontade.

Os ideais da Boa Vontade não têm fronteiras e empolgam diversas regiões do mundo. Desde 1980, por exemplo, as iniciativas solidárias expandem-se para a LBV da Argentina, do Paraguai, do Uruguai, da Bolívia, de Portugal e dos Estados Unidos, sendo estas mantidas por meio de donativos de cada população local.

Em virtude da ampla abrangência de seus programas, serviços e ações e da excelência no trabalho realizado, a Legião da Boa Vontade (LBV) mantém relação consultiva com a Organização das Nações Unidas (ONU), desde 1994, por intermédio do Departamento de Comunicação Global (DCG) desse organismo internacional e, desde 1999, com o Conselho Econômico e Social (Ecosoc) das Nações Unidas, no qual a Instituição possui *status* consultivo geral, grau máximo de reconhecimento que uma Entidade pode alcançar junto a esse órgão. A LBV tem participado ativamente das principais conferências e reuniões da ONU, contribuindo com importantes recomendações, por meio de documentos e publicações, editados em diversos idiomas, que são entregues a chefes de Estado, conselheiros ministeriais, agências internacionais e representantes da sociedade civil. Dentre esses materiais destacam-se as revistas *Sociedade Solidária*, *Paz para o Milênio*, *Globalização do Amor Fraterno*, BOA VONTADE *Desenvolvimento Sustentável*, BOA VONTADE *Mulher* e BOA VONTADE *Educação*.

O Presidente da Legião da Boa Vontade recebeu, em 14 de novembro de 2016, correspondência oficial da equipe do novo secretário-geral da ONU, o dr. António Guterres, na qual expressa gratidão ao dirigente da LBV pela carta encaminhada ao diplomata português com cumprimentos em virtude da nomeação deste para ocupar o cargo máximo da ONU. Na missiva, assinada por Kyung-wha Kang, assessora especial em Política do gabinete do secretário-geral, consta: *"Prezado presidente, permita-me agradecer, em nome do secretário-geral designado, António Guterres, as vossas gentis palavras de congratulação. É com grande honra e com um sentido de responsabilidade que ele assumirá suas novas funções. A Legião da Boa Vontade é uma organização da sociedade civil que tem uma parceria de longa data com as Nações Unidas. Sua missão de incentivar a vivência de valores, a fim de criar uma sociedade mais justa e solidária, é mais do que nunca de grande relevância global. Suas iniciativas visam melhorar a situação de pessoas de baixa renda em diversas áreas, tais como educação e desenvolvimento sócio-econômico, sendo uma grande contribuição para a consecução dos Objetivos de Desenvolvimento Sustentável e sua meta de erradicar a pobreza até o ano de 2030. Contamos com a Legião da Boa Vontade para trabalhar junto às Nações Unidas na busca de soluções para os desafios globais mais urgentes da atualidade".*

Em 21 de outubro de 1989, Paiva Netto fundou, em Brasília/DF, Brasil, o Templo da Boa Vontade (TBV), com a presença de mais de 50 mil pessoas. Conhecido também como o Templo da Paz, é o polo do Ecumenismo Divino, que proclama o contato socioespiritual entre a criatura e o Criador. Aclamado pelo povo uma das Sete Maravilhas de Brasília, o TBV é o monumento mais visitado da capital federal, conforme dados oficiais da Secretaria de Turismo do Distrito Federal (Setur-DF), e, desde que foi inaugurado, recebe anualmente mais de um milhão de peregrinos.

Paiva Netto criou, para propagar a Cidadania Espiritual (conceito preconizado por ele), a Super Rede Boa Vontade de Comunicação (rádio, TV, internet e publicações).

No campo editorial, ultrapassou a expressiva marca de 9 milhões de livros vendidos. Além disso, tem seus artigos publicados em jornais, revistas e portais de internet no Brasil e no exterior. Já escreveu para importantes veículos, a exemplo do *Diário de Notícias*, *Jornal de Coimbra*, *Correio da Manhã*,

Jornal de Notícias, *O Primeiro de Janeiro*, *Notícias de Gaia*, *Voz do Rio Tinto*, *Jornal da Maia*, *O Público*, *Campeão das Províncias*, *Audiência* e *O Despertar* (Portugal); *Time South*, *Jeune Afrique* e *African News* (África); *Daily Post* (circulação internacional); *Clarín* (Argentina); *Jornada* e *El País* (Bolívia); *El Diário Notícias* e *ABC Color* (Paraguai); *El País* (Uruguai); *International Business and Management* (China); e *Deutsche Zeitung* (Alemanha).

Sobre seu estilo literário, o escritor norte-americano Errol Lincoln Uys observou: *"Paiva Netto, sendo um homem prático, não deixa de ter alma de poeta"*. Segundo a definição do eminente professor, jurisconsulto e tratadista José Cretella Júnior (1920-2015), *"é um exímio estilista, sempre em dia com as novas"*. Valdir Andres, jornalista, advogado, fundador do periódico *A Tribuna Regional*, de Santo Ângelo/RS, Brasil, assim declarou: *"É uma honra imensa abrigar os conceitos, as opiniões, a pena brilhante do professor Paiva Netto em nosso jornal"*. Na opinião do mestre de professores Moacir Costa Lopes (1927-2010), *"é um escritor de muito talento"*.

Endereço para correspondência:
Rua Norma Pieruccini Giannotti, 110
Barra Funda • São Paulo/SP • CEP 01137-010
***E-mail*: PaivaNetto@uol.com.br**

SIGA A RELIGIÃO DE DEUS, DO CRISTO E DO ESPÍRITO SANTO NAS REDES SOCIAIS
www.ReligiaodeDeus.org
Youtube.com: ReligiaodeDeusvideos
Facebook: ReligiaodeDeus
Instagram: ReligiaodeDeus
www.AcademiaJesus.com.br
www.ClubeCulturadePaz.com.br

CONHEÇA A RELIGIÃO DE DEUS, DO CRISTO E DO ESPÍRITO SANTO E O TRABALHO DA LBV

BOA VONTADE TV

https://www.youtube.com/boavontadetv

TV por Assinatura: OI TV: Canal 212 • Claro TV Brasil: Canais 196 e 696

Antena parabólica digital Banda K.U.: Frequência 12.000 Mhz, Symbol Rate 29.900, polarização vertical na StarOne D2 • Canal 27 na SKY banda K.U.

Geradora Educativa da Fundação José de Paiva Netto

Canal 11.1 - São José dos Campos/SP
Canal 45.1 - Cotia/SP (Grande São Paulo)
Para outras informações, acesse www.BoaVontade.com/tv

SUPER REDE BOA VONTADE DE RÁDIO

Internet: www.BoaVontade.com/radio
OI TV: Canal 989 (Super RBV de Rádio)

Emissoras de rádio:

Rio de Janeiro/RJ: AM 940 kHz • **São Paulo/SP:** AM 1.260 kHz • **Esteio, região de Porto Alegre/RS:** AM 1.300 kHz • **Brasília/DF:** AM 1.210 kHz • **Santo Antônio do Descoberto/GO:** FM 88.9 MHz • **Salvador/BA:** AM 1.350 kHz • **Manaus/AM:** AM 610 kHz • **Montes Claros/MG:** FM 105.5 MHz • **Sertãozinho, região de Ribeirão Preto/SP:** AM 550 kHz • **Uberlândia/MG:** FM 102.5 MHz

SITES

www.LBV.org.br
www.BoaVontade.com
www.ReligiaodeDeus.org
www.JesusEstaChegando.com
www.PaivaNetto.com
www.AcademiaJesus.com.br

APP BOA VONTADE PLAY

Baixe na loja de aplicativos do seu celular e acompanhe ao vivo